ZHUOYUE TIYU JIAOSHI PEIYANG XILIE JIAOCAI

卓越体育教师培养系列教材

围棋

主 编 李 莉

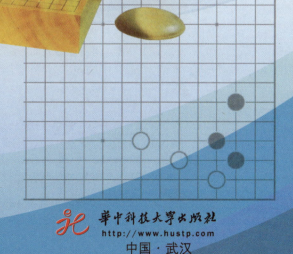

华中科技大学出版社
http://www.hustp.com
中国·武汉

内 容 简 介

本书为湖北省级一流本科课程"围棋与文化"的配套教材,是编者根据高等教育人才培养目标,总结近年来的教学改革与实践编写而成的。

全书共十章,主要内容包括围棋的发展历史、围棋的基础知识、布局知识和技巧、围棋教学的组织与实践、围棋裁判工作、围棋竞赛和游戏的组织、围棋艺术欣赏。希望通过学习围棋技战术和围棋竞赛的组织内容,学生能具备开展围棋教学和组织竞赛活动的能力;通过学习围棋历史、诗词、画作和礼仪等文化内容,学生能全面了解围棋的发展历史和艺术功能,陶冶情操,增进对中华传统文化的认同和喜爱。

本书可作为高等院校围棋选修课程教材,以及中小学校围棋教学和围棋师资培训的教师用书,也可供围棋爱好者参考使用。

图书在版编目(CIP)数据

围棋/李莉主编. —武汉:华中科技大学出版社,2022.9
卓越体育教师培养系列教材
ISBN 978-7-5680-8481-9

Ⅰ. ①围… Ⅱ. ①李… Ⅲ. ①围棋-教材 Ⅳ. ①G891.3

中国版本图书馆 CIP 数据核字(2022)第 168986 号

围棋(卓越体育教师培养系列教材) 　　　　　　　　　　　　　　　李　莉　主编
Weiqi(Zhuoyue Tiyu Jiaoshi Peiyang Xilie Jiaocai)

策划编辑:余伯仲	
责任编辑:杨赛君	
封面设计:刘　婷　廖亚萍	
责任监印:周治超	
出版发行:华中科技大学出版社(中国·武汉)	电话:(027)81321913
武汉市东湖新技术开发区华工科技园	邮编:430223
录　　排:华中科技大学惠友文印中心	
印　　刷:湖北恒泰印务有限公司	
开　　本:787mm×1092mm　1/16	
印　　张:8.25	
字　　数:202 千字	
版　　次:2022 年 9 月第 1 版第 1 次印刷	
定　　价:49.80 元	

本书若有印装质量问题,请向出版社营销中心调换
全国免费服务热线:400-6679-118　竭诚为您服务
版权所有　侵权必究

前言
Foreword

围棋起源于中国,有三千多年的灿烂历史,承载着中华民族的精神和智慧,是中国古代文人四友"琴棋书画"之一。目前,围棋更是当代大学生学习中华优秀传统文化的理想载体。习近平总书记在中国共产党第十九次全国代表大会上指出:中国特色社会主义文化,源自于中华民族五千多年文明历史所孕育的中华优秀传统文化。围棋蕴含着丰富的人文精神和价值内涵。将围棋的历史、文化和艺术价值融入教材中,结合课程思政理念,可以更好地发挥围棋教学的育人功能。

本书共十章,介绍了围棋的发展历史、围棋的基础知识、布局知识和技巧、围棋教学的组织与实施、围棋裁判工作、围棋竞赛和游戏的组织、围棋艺术欣赏等内容,充分体现了高等教育培养目标,满足了体育教师岗位的实际需要。

本书具有以下特点。

(1)以学生发展为中心。有丰富的教学元素,如重难点提示、练习题、详细的图例等。

(2)以实用为基础。内容的选择上体现丰富性和实用性,向学生呈现学科发展动态,与中小学校围棋课程师资培养的需求相结合。

(3)以传统文化为核心。围棋艺术具有多元表现形式,如诗词、画作、棋具、棋论、小说、影视等,充满文化性、艺术性、民族性,结合课程思政理念,可以增强大学生的民族认同感和自豪感。

(4)以媒体融合为亮点。利用互联网技术,实现"纸质教材+数字资源"的优势互补(已建立的线上课程可在"学银在线"观看,网址:https://www.xueyinonline.com/detail/214690695),建立多种媒体相互融合的现代化学习方式。

本书可作为高等院校围棋选修课程教材,以及中小学校围棋教学和围棋师资培训的教师用书,也可供围棋爱好者参考使用。

本书由武汉体育学院李莉担任主编,参与本书编写的还有魏旭波、姜劲晖和高飞。具体编写分工如下:第一章(姜劲晖);第二章至第八章,以及第十章第一节、第四节(李莉);第九章(高飞);第十章第二节、第三节(魏旭波)。

由于编者水平有限,书中难免存在疏漏和不足之处,恳请广大读者批评、指正。

编 者
2022 年 3 月

目 录

第一章　围棋的发展历史　　　　　　　　　　　　　　　／1
第一节　中国古代围棋的发展　　　　　　　　　　　　／1
第二节　近现代围棋的发展　　　　　　　　　　　　　／7

第二章　围棋的基础知识　　　　　　　　　　　　　　　／9
第一节　围棋盘和围棋子　　　　　　　　　　　　　　／9
第二节　提子和逃棋　　　　　　　　　　　　　　　　／11
第三节　打二还一和打劫　　　　　　　　　　　　　　／14
第四节　围棋着法名称　　　　　　　　　　　　　　　／16
第五节　分断和连接　　　　　　　　　　　　　　　　／20
练习题　　　　　　　　　　　　　　　　　　　　　　／23

第三章　吃子技巧　　　　　　　　　　　　　　　　　　／24
第一节　打吃的方向和双叫吃　　　　　　　　　　　　／24
第二节　征子及逃征子　　　　　　　　　　　　　　　／28
第三节　枷吃和扑吃　　　　　　　　　　　　　　　　／30
第四节　对杀　　　　　　　　　　　　　　　　　　　／34
第五节　活棋的条件　　　　　　　　　　　　　　　　／37
练习题　　　　　　　　　　　　　　　　　　　　　　／41

第四章　布局基本知识　　　　　　　　　　　　　　　　／42
第一节　占角　　　　　　　　　　　　　　　　　　　／42
第二节　占边的原则　　　　　　　　　　　　　　　　／46
第三节　定式　　　　　　　　　　　　　　　　　　　／50
第四节　围空的方法　　　　　　　　　　　　　　　　／53
第五节　三连星布局　　　　　　　　　　　　　　　　／55
第六节　中国流布局　　　　　　　　　　　　　　　　／57
练习题　　　　　　　　　　　　　　　　　　　　　　／59

第五章　中盘战术　　　　　　　　　　　　　　　　　　／60
第一节　打入边空　　　　　　　　　　　　　　　　　／60
第二节　打入大模样　　　　　　　　　　　　　　　　／62
第三节　打入——分断　　　　　　　　　　　　　　　／64
第四节　孤兵求活　　　　　　　　　　　　　　　　　／66

第五节　孤兵逃跑	/ 69
练习题	/ 72
第六章　官子技巧	/ 73
第一节　大官子	/ 73
第二节　小官子和终局	/ 76
第三节　收官的顺序	/ 80
第四节　胜负的判断	/ 83
练习题	/ 86
第七章　围棋教学的组织与实践	/ 87
第一节　围棋教育概述	/ 87
第二节　围棋的教育价值	/ 88
第三节　围棋课的教法与组织	/ 90
第四节　课程资源的开发	/ 94
第五节　围棋礼仪	/ 95
第八章　围棋裁判工作	/ 98
第一节　围棋竞赛规则	/ 98
第二节　裁判员的能力培养	/ 100
第九章　围棋竞赛和游戏的组织	/ 102
第一节　围棋竞赛的组织	/ 102
第二节　围棋游戏的组织	/ 105
第十章　围棋艺术欣赏	/ 107
第一节　围棋别称	/ 107
第二节　围棋画作	/ 108
第三节　围棋诗词	/ 113
第四节　棋具欣赏	/ 117
参考文献	/ 124

第一章
围棋的发展历史

第一节 中国古代围棋的发展

一、围棋的起源

1. 尧造围棋教子丹朱

围棋起源于中国,历史悠久,是世界上诞生最早的棋类项目。从现有的史籍记载和考古研究来看,围棋至少在先秦时期就已经流行,经过几千年的传承和发展,已成为中国传统文化的一部分。关于围棋的起源有一个传说,西晋张华在《博物志》中说:"尧造围棋,以教子丹朱。"还提到,舜觉得儿子商均不甚聪慧,也曾制作围棋教子。虽然是传说,但说明两个问题:第一,围棋的起源很早;第二,围棋能启迪智慧,古人对它的教育功能有明确的认识。

2. 典故"举棋不定"

有关围棋最早的、真实的文献记载出现在公元前548年春秋时期鲁国的编年志《左传·襄公·襄公二十五年》上,君臣二人讨论军事活动时,用"弈者举棋不定,不胜其耦"来比喻打仗和下棋一样,犹犹豫豫是不能战胜对方的。现在"举棋不定"一词比喻做事犹豫不决,拿不定主意。这段话也说明两个史实:一是当时围棋至少在宫廷中是大家熟识的事物,它的诞生远早于这个时代;二是当时围棋的技战术比较成熟,可以信手拈来做比喻。

今天的围棋和古人下的围棋是一样的吗?总的形态模式可以说是基本一致的。但根据考古发现,围棋经历了从15路棋盘、17路棋盘再到今天的19路棋盘的发展过程,这也反映了围棋的棋盘由简单到复杂、技术从易到难的发展过程。

二、春秋战国时期的围棋

1. "博弈"的由来

春秋战国时期围棋已在社会上广泛流行。当时史书记载,"棋"多指六博,六博也是一种棋戏。围棋一般称"弈","弈"与六博合称为"博弈"。现在的"博弈"引申为一个管理学名词,指策略的选择。

2. 孔孟围棋之论

我国两大思想家、教育家孔子和孟子都曾讨论过围棋。孔子的《论语》中有关于围棋的记载,子曰:"饱食终日,无所用心,难矣哉!不有博弈者乎?为之,尤贤乎已。"意思是你每天吃饱了闲着也是闲着,下下围棋不好吗?这也间接说明,围棋已经成为人们闲暇生活中比较流行的娱乐方式。《孟子·告子上》记载:"今夫弈之为数,小数也;不专心致志,则不得也。"意思是下棋作为技艺,是小技艺;不专心致志,就学不会。可见,围棋在春秋战国时期人们的生活中已经具有一定影响力了,并且围棋技术的复杂性在当时已经不容小觑。

3. 弈秋教棋

春秋战国时期出现了很多下围棋的高手。《孟子·告子上》中记载过一个名为"弈秋"的人,称之为"通国之善弈者"。他的棋艺高超,被称作围棋"鼻祖"。据传"金角银边草肚皮"这句围棋格言就是弈秋总结的。弈秋是当时诸侯列国都知晓的国手,他的门下有两名弟子。有关弈秋教棋的典故是这样描述的:"使弈秋诲二人弈,其一人专心致志,惟弈秋之为听。一人虽听之,一心以为有鸿鹄将至,思援弓缴而射之,虽与之俱学,弗若之矣,为是其智弗若与?曰:非然也。"

这段话的意思是,弈秋教导两个人下围棋,其中一人专心致志地学习,聚精会神地听弈秋的教导;另一个人虽然也在听弈秋的教导,却一心以为有天鹅将要飞来,想要拉弓箭把它射下来。虽然和前一个人一起学棋,但他的棋艺不如前一个人好。难道是因为他的智力不如前一个人吗?有人说:"不是这样的。"

弈秋教棋的典故在告诫后人,专心致志是下好围棋的先决条件,也说明养成良好的学习习惯很重要。

三、两汉三国时期的围棋

1. 两汉时期围棋的发展

(1)汉代宫中盛行围棋。

汉朝关于围棋活动的记载明显增加。葛洪的《西京杂记》记载:"八月四日出雕房北户竹下围棋。胜者终年有福,负者终年疾病。取丝缕就北辰星求长命,乃免。"意思是每年八月四日这一天,戚夫人总要陪高祖刘邦下围棋,故八月四日下围棋成了汉代宫中的风俗,还有祈福的寓意。这个时期里,以棋扬名的仕人也不在少数,相传西汉时期陈逐因陪汉宣帝下棋而讨得天子欢心,后来得了太原太守的官职。

(2)围棋理论著作出现。

东汉著名史学家、文学家班固,著有《弈旨》一文,这是保存下来的最古老的围棋理论文章,它把围棋上升到了"上有天地之象,次有帝王之治,中有五霸之权,下有战国之事,览其得失,古今略备"的层面,首次正面论述了围棋。

班固的学生马融,是东汉著名的儒学大师和经学家,作有《围棋赋》。全赋共46句,音律优美,气势不凡。开篇即"略观围棋兮,法于用兵。三尺之局兮,为战斗场。陈聚士卒兮,两敌相当。拙者无功兮,弱者先亡"。马融将围棋与兵法、军政联系在一起,分析了围棋的搏杀之理、进退攻防之术。此赋把儒家谨慎又积极进取的精神融入兵家之道,具有深刻的哲学思想。

2. 三国时期围棋的发展

(1)魏国围棋的发展。

三国时期涌现出大批优秀棋手。"汉魏名贤,高品间出",这是梁代沈约在所撰《棋品序》中的评论,意思是说汉魏之际,名流雅士们不仅普遍喜爱下围棋,而且不乏高手。

曹操是一位多才多艺的政治家、军事家,爱好书法、音乐、诗歌和围棋。据《三国志·太祖本纪》记载,曹操的棋力也不弱。他常与魏国的著名棋手交流棋艺,彼此水平旗鼓相当。《三国志》中还提到,孔桂棋力也很强,他被推荐给曹操,曹操见他通晓围棋之道,很是赏识。之后孔桂常伴在曹操左右,随从出入。

曹操父子(被称为"三曹")和"建安七子",被视作汉末三国时期文学成就的代表。他们的围棋故事多有记载。"建安七子"中,至少有孔融、王粲、应场、阮瑀四人工于围棋。其中,王粲是"建安七子"中文学成就最高者,棋艺也最为精湛。《三国志·王粲传》记载了一个故事:王粲看人下棋,对局者不小心将棋盘上的棋子搞乱了,王粲凭着记忆重新摆好了棋局。下棋的人不相信,于是用布把复盘的棋局盖起来,王粲再次摆出了棋局,两局棋完全一致,复盘能力强,可见其棋力出类拔萃。"建安七子"中,应场撰有《弈势》一篇,论述围棋颇有见地。

(2)蜀国围棋的发展。

蜀国喜爱围棋对弈的人相对少些,但也不乏高手。《三国志·费祎传》中说,费祎很喜欢下围棋。蜀汉后主延熙七年(244年),魏军侵犯蜀国,费祎指挥若定,稳坐军帐与光禄大夫来敏专心致志地下围棋,很有大将风度。在四大名著之一《三国演义》中有一段关羽一边下围棋一边刮骨疗毒的精彩故事,说明在吴国军中有围棋活动。

(3)吴国围棋的发展。

吴国围棋流行的程度不亚于魏国,"吴图"指吴国《孙策诏吕范弈棋局面》,记录孙策和吕范对局的棋谱,是中国最早的棋谱,后来,"吴图"成了棋谱的别称。唐朝诗人杜牧有诗"别后竹窗风雪夜,一灯明暗覆吴图"即用了这一称谓。另外,严子卿、马绥明是吴国最有名的棋手,被称为"棋圣"。

四、两晋南北朝时期的围棋

1. 两晋时期围棋的发展

(1)下棋而不忘国事。

两晋时期,围棋爱好者数不胜数。西晋开国皇帝武帝司马炎就是一位棋迷,秘书丞张华常被皇上召去对弈。一次,老将军杜预送来奏请伐吴的奏章,张华劝说晋武帝伐吴,武帝听了棋友的意见,兴师伐吴。

东晋丞相谢安弈棋破敌的典故也常为世人津津乐道。《世说新语》记载,前秦苻坚率八十万大军进犯,与谢安率领的八万东晋士兵决战于淝水。当前线正处于生死鏖战的紧要关头时,运筹帷幄的谢安一边和友人下着围棋,一边等待最终的战报。当前线捷报送抵时,谢安默默看完,不动声色地继续把棋下完,"意色举止,不异于常",浑然不像自己刚刚创造了一场史上空前的、以少胜多的重大战役,这样的从容、淡定,彰显了中国经典的儒将风范,更体现出中国人心目中的一种理想人格。

(2)"竹林七贤"醉心围棋。

我国古代围棋的盛行在魏晋南北朝时期达到高峰。比如,以著名的西晋"竹林七贤"为代表的文人阶层多是铁杆围棋迷,"竹林七贤"之中,阮籍、王戎二人非常喜爱下围棋,关于他们沉迷于围棋的故事也多一些。他们不仅以此自娱,更把其上升为一种人生态度。围棋中的几个非常优雅的别称如"坐隐""手谈""忘忧"等均出自这个时期。

2. 南北朝时期围棋的发展

(1) 皇帝喜爱，空前繁荣。

南朝四个朝代——宋、齐、梁、陈，围棋都非常盛行。皇帝十分喜欢下围棋，如宋武帝刘裕、文帝刘义隆、明帝刘彧，齐高帝萧道成、武帝萧赜，梁武帝萧衍、简文帝萧纲，陈武帝陈霸先、后主陈叔宝，等等，他们喜爱围棋，对围棋的繁荣发展起到了极大的推动作用。这一时期设置有官署管理棋手和围棋活动，围棋活动的发展具有组织性；并且举行全国范围的围棋等级赛事，组织编辑棋谱，甚至出现皇帝本人就是撰写人等。

(2) 围棋州邑。

宋明帝作为棋迷，特为围棋手们设置了专门的官署——"围棋州邑"，这是我国历史上统治阶级第一次为围棋手们设立的官署。《南史·王谌传》载："(宋)明帝好围棋，置围棋州邑，以建安王休仁为围棋州都大中正，谌与太子右率沈勃、尚书水部郎庾珪之、彭城丞王抗四人为小中正，朝请褚思庄、傅楚之为清定访问。"任命宗室皇亲和大臣兼职围棋州邑之官职，负责围棋人才的举荐和考核，以及组织围棋比赛、品棋、收集整理棋谱等工作，可见它的职掌和活动内容均带有专门性。

(3) 围棋九品制。

九品中正制是我国魏晋南北朝时期一种官吏选拔制度。三国时期魏人邯郸淳根据九品中正制，将围棋手的棋艺划分为九品——一品入神，二品坐照，三品具体，四品通幽，五品用智，六品小巧，七品斗力，八品若愚，九品守拙，其中一品等级最高。现代围棋手的等级称谓是"段"，分为业余段位和专业段位。

南朝进行过多次品棋活动，齐高帝也进行过品棋活动，他本人的棋艺便为二品。著名围棋高手梁武帝，他文韬武略，早年也是一代明主。他的棋艺达到"棋登逸品"，曾经亲自撰写了棋谱《围棋赋》，编写了《棋法》《棋评》等。

梁武帝萧衍在天监年间(502—519年)也举行过品棋活动，均有记载，当时称得上九品的就有287人，可谓盛况空前，高手云集。比赛后，当时的盛况和等级棋手名册被编印成书——《天监棋品》，并由文学家沈约作序。这是有据可查的最早一次全国性围棋比赛。

南朝时期品棋活动的规模和次数远远超过了魏晋时期，这一时期经常进行品棋活动，促进了人们棋艺水平的提高和围棋高手的涌现。南北朝时期围棋水平的大飞跃为以后几百年围棋发展创造了新的开端。

五、唐朝时期的围棋

1. 棋待诏的创立

唐朝一共历经约二百九十年。在这个昌盛的时代，围棋有了空前的发展。唐朝统治者对围棋颇为重视，唐玄宗特为围棋手们设置了一种官职，叫"棋待诏"，官阶九品，与"画待诏""书待诏"同属于翰林院，所以又被统称为"翰林"。围棋手开始成为国家文职人员，意味着世界上最早的职业棋手出现。

2. 围棋国手王积薪

唐朝围棋手众多，其中最著名的是国手王积薪，相传王积薪根据前人和自己的实践经验，总结了围棋的《十诀》，对后世中外棋界影响广泛。这"十诀"如下：(1)不得贪胜；(2)入界宜缓；(3)攻彼顾我；(4)弃子争先；(5)舍小就大；(6)逢危须弃；(7)慎勿轻速；

(8)动须相应;(9)彼强自保;(10)势孤取和。《十诀》是我国古典围棋理论中的瑰宝之一。

3. 唐朝诗人与围棋

唐朝是我国诗歌兴盛的时代,唐朝文人学士喜爱围棋,视之为高雅艺术。王维、杜甫、白居易、韩愈、杜牧、温庭筠等许多著名诗人都喜爱围棋,并创作了许多与围棋有关的诗句。比如诗人杜牧作有《送国棋王逢》:"玉子纹楸一路饶,最宜檐雨竹萧萧。羸形暗去春泉长,拔势横来野火烧。守道还如周柱史,鏖兵不羡霍嫖姚。浮生七十更万日,与子期于局上销。"此诗描写了诗人与围棋国手的惜别,写了棋局辗转变化的高超技艺和自己若是活到七十岁,能与朋友下棋度日也是很满足的。著名诗人元稹也很喜爱围棋,从他的"人来有棋局"的诗句中可以看出,围棋是人们交友娱乐时的日常活动。李商隐《即目》云:"小鼎煎茶面曲池,白须道士竹间棋。"描写了竹林之下,抛却世事,享受清雅闲适之趣。李远的"青山不厌三杯酒,长日惟消一局棋",可见围棋已成为文人诗意生活的一部分,能带给人们精神上的享受。最具史料价值的一首诗是裴说的《棋》:"十九条平路,言平又崄巇。人心无算处,国手有输时。"这首诗表明围棋模式在唐朝已经定型,使用的是十九路围棋盘,同现代围棋盘一致。

4. 唐代女子围棋

唐朝时期围棋在女子中已很流行,如新疆阿斯塔那古墓1972年出土的《弈棋仕女图》就足以证明。女子围棋初盛于武则天时期,当时习艺馆有专职棋博士教授宫女们棋艺,它是唐朝宫廷女弈制度化、活跃化的标志。盛唐时期女子围棋出现了前所未有的景况,形成了"玉枰无子不弹棋"的局面。张籍的《美人宫棋》"红烛台前出翠娥,海沙铺局巧相和。趁行移手巡收尽,数数看谁得最多?"就是对宫廷女子下围棋的描述。

《开元天宝遗事》记载了一个故事:一年夏天,唐玄宗李隆基与亲王对弈,贵妃杨玉环观棋,眼见玄宗招架不住亲王的围攻,她急中生智把棋局搞乱,给皇上解了围。

六、宋元时期的围棋

1. 士大夫的围棋生活

宋元时期,众多国手争霸棋坛。宋代的几位大政治家、文学家都是围棋爱好者,如王安石、欧阳修、陆游、文天祥等都非常喜欢下围棋,范仲淹曾以"一子重千金"的诗句来描写下围棋,还曾立下"吾当著棋史"的宏愿。《冷斋夜话》记载了王安石曾与薛昂下棋赌梅花诗一首的趣事,谁输谁写诗。结果薛昂败了,该他写诗的时候却一句也写不出来。王安石便代他写了一首。之后,薛昂去金陵做官时,便有人拿这事写诗调侃他:"好笑当年薛乞儿,荆公(即王安石)座上赌新诗。而今又向江东去,奉劝先生莫下棋。"

著名诗人陆游自幼酷爱围棋,一生写了许多吟咏围棋的诗篇。古代大哲学家陆九渊年轻时,白天观棋,夜间读谱,潜心研究,后来战胜了不少名手。宋代著名科学家沈括,博学多能,尤其喜欢下围棋,他曾以数字方法解棋。民族英雄文天祥也酷爱下围棋,留下近二十首描写棋弈的诗篇。

2. 重要的围棋著作

宋元时期,还出现了三部重要的棋书:第一部《棋经十三篇》,问世于宋仁宗皇祐年间(1049—1054年),普遍认为它的作者是张拟,这是第一次关于围棋理论与实战的最系统、最完整的总结。其中一些论述如"善胜者不争,善阵者不战,善战者不败,善败者不乱",不仅是在论述棋理,更是在总结一种兵法,甚至是一种哲理。《棋经十三篇》问世900多年来,历代棋手都受到了它的影响。对于今天的棋手来说,它仍有指导价值。第二部《忘忧清乐集》,是我国现存古代棋谱中年代最早的一部著作,这本书成书于南宋初期,距今已有800多年,书中收录了《棋经十三篇》等理论著作,棋谱、棋图一百多局(个),是研究和了解古代棋艺发展的重要文献。第三部《玄玄集》(又名《玄玄棋经》),这本书刊印于元朝,收集了更多的棋论、棋谱和术语图解,共有378个棋图。

七、明朝时期的围棋

1. 朱元璋赐"胜棋楼"

胜棋楼坐落在南京莫愁湖畔,始建于明洪武初年(1368年),是一座明清风格的两层小楼。楼门上"胜棋楼"三个字的匾额,是清代状元梅启照所题。相传明太祖朱元璋很喜欢下围棋,他和徐达在这里下棋,结果输给了徐达,于是朱元璋就把莫愁湖连同这座两层的小楼都送给了徐达,因此,这座楼被叫作"胜棋楼"。现在胜棋楼中还挂着明代中山王徐达的画像。

2. 专业书籍涌现

明末北京下围棋的百姓甚多,当时艺坛有八绝,其中一绝就是围棋。明末过百龄是公认的国手。当时,围棋界"以无锡过百龄为宗"。过百龄的棋著很多,有《官子谱》一卷、《三子谱》一卷、《四子谱》二卷。《官子谱》价值很高,是我国古代一部全面、透彻地研究围棋收官子的重要著作。《三子谱》全名是《受三子谱》,可以说是一部围棋教科书。随着围棋活动的兴盛,一些民间棋艺高手编撰的围棋谱也大量涌现,如《适情录》《石室仙机》《三才图会棋谱》《仙机武库》《弈史》《弈问》等,多达20余种明版围棋谱,使得围棋在专业技术和理论方面有很大程度的提升。

八、清朝时期的围棋

1. 巅峰之作"当湖十局"

每一个朝代都有围棋国手出现,清代乾隆时期最著名的两大国手——范西屏和施襄夏,曾经在浙江平湖对弈十三局,称作"当湖十局",棋谱被完好地保存了下来。对局关键之处杀法精妙,扣人心弦,将围棋的传统技艺发挥得出神入化,被认为代表了中国古代围棋的最高水平。

清朝末年政治腐败、经济落后、文化衰退,是中国历史最黑暗的时期,也是围棋最衰落的时期。清末棋手水平与前代相比大为逊色,其中水平最高的陈子仙、周小松,与范西屏、施襄夏尚有相当一段差距。随着中国围棋的日益衰落,日本围棋水平逐渐赶超,这种情况直到中华人民共和国成立后才有所好转。

2. 围棋逐渐普及

随着清朝都市商业化的发展,人们游艺棋戏的娱乐需求渐渐增长。加上围棋棋手不再享受朝廷的供养,多以教棋为生,这也促进了民间围棋活动的开展,使围棋活动更加大众化。比如《儒林外史》中描写的下围棋的社会阶层就很广泛,如蓬公子与王太守所说衙门里"吟诗声,下棋声,唱曲声";卖火纸筒子的小贩胜了国手马先生;等等。这些章节的描述非常生动,其作者吴敬梓长期居住在围棋盛行的南京,他所描绘的这些人物,就是他接触和了解的现实生活的真实写照。

第二节 近现代围棋的发展

近现代围棋的发展史，是一部精彩纷呈、人才辈出的历史，也是一部围棋文化从中国逐步走向世界的历史。从日本围棋独领风骚，到今天中日韩围棋三足鼎立，再到人工智能在围棋上的突破，围棋这项古老的技艺，仍然焕发着勃勃生机。

一、日本围棋：百年巅峰，星光闪耀

有人曾说："国运盛则棋运盛，国运衰则棋运衰。"这句话用在围棋发展史上是非常贴切的。日本是亚洲第一个建立起资本主义社会化大生产方式、跻身世界发达国家之列的国家，其围棋水平也曾达到过巅峰。

日本围棋的巅峰标志之一是职业化程度极高。自19世纪中叶日本明治维新之后，日本棋界在本因坊、方圆社、裨圣会的基础上，成立了专门的围棋机构——日本棋院，并延续至今。日本棋界先后建立了棋圣战、名人战、本因坊战、十段战、天元战、王座战等多个传统职业赛事，此外还有大量临时性的新闻赛事。棋手的段位等级制（从一段到九段）也非常严格，每年都必须通过艰苦的升段赛，才有少量的棋手能够晋升段位。

日本围棋的巅峰标志之二是在相当长的时间里，日本棋界聚集、培养了全世界人数最多、水平最高的职业棋手，可谓星光闪耀。这其中，无论是号称"不败名人"的本因坊秀哉，大器晚成、热心中日围棋交流的藤泽秀行，还是号称"超一流高手"的大竹英雄、加藤正夫、武宫正树、小林光一、赵治勋等，个个都有着精彩的围棋人生。其中，最为光彩夺目的是被誉为"昭和棋圣"的吴清源先生。1928年，年仅14岁的中国天才少年吴清源东渡日本，迅速成长为一名顶级职业棋手；1939年至1956年的十余年间，他利用十番棋擂台击败了同时代所有一流棋手，创造了围棋界的"吴清源时代"。

日本围棋的巅峰标志之三是围棋的理论与实战都得到了极大的丰富和提高。还是以吴清源先生为例，他曾与同时代的日本棋手木谷实共同开创了"新布局革命"；在与本因坊秀哉的世纪对局中弈出了石破天惊的"三三、星、天元"布局，轰动整个棋界；推出了以大雪崩内拐为代表的新型围棋定式；直到晚年还在提倡"二十一世纪围棋"的理念，一生对围棋的探索步伐从未停止。

此外，日本围棋逐渐出现了封棋、限时、贴目等规则，为现代围棋比赛制度的形成打下了坚实的基础。

日本围棋在走上巅峰之际，也一直都在做围棋的普及工作。20世纪80年代以后，随着韩国围棋、中国围棋相继崛起，日本围棋独树一帜的情况被逐步改变，并呈现出中日韩围棋三足鼎立的形势。

二、韩国围棋：异军突起，后来居上

与中国和日本相比，韩国围棋的起步非常晚。20世纪中叶，在日本学成的职业棋手赵南哲回到韩国，开始在街头推着小车讲棋，普及围棋知识，最终在韩国建立起现代围棋体制，培养了曹薰铉、李昌镐、李世石等一大批围棋顶级棋手。随着韩国棋手多次在世界顶级围棋赛事中夺冠，韩国围棋后来居上，迈入了世界围棋的顶级殿堂。至今，韩国棋手仍保持着世界大赛冠军数量最多的殊荣，如排名第一的是有着"石佛""外星人""少年姜太公"称号的韩国天才围棋选手李昌镐，共取得18个个人赛冠军；排名第二的是韩国棋手李

世石,共取得 14 个个人赛冠军;排名第三的是韩国棋手曹薰铉,共取得 9 个个人赛冠军。

江山代有才人出。韩国围棋棋手迄今仍保持着极高的竞技水准,是世界围棋顶级赛事的有力争夺者。

三、中国围棋:艰难逆袭,重返高峰

近代中国国力衰微,中国围棋失去了往日的光环,满目凋零。中华人民共和国成立之后,百废待兴。直到"文化大革命"结束,围棋项目才重新走上正轨,在艰难的追赶中,一步一步重新登上世界舞台,成为国人的骄傲。在这个追赶的过程中,中日围棋擂台赛和聂卫平,成为具有里程碑式的历史事件和人物。

1984 年,在日本 NEC 公司的赞助下,中日棋界以擂台赛的形式开展了第一届围棋擂台赛交流。鉴于当时中日围棋水平差距极大,赛前几乎没有人相信中国能取得胜利,而赛事的进程也逐步印证着人们的判断。但是,中国围棋队的主帅、后来的"棋圣"聂卫平,以一己之力创造了奇迹,连胜日本 3 位顶级棋手,拿到了第一届中日围棋擂台赛的胜利,引起了中日两国的轰动。然而,奇迹并没有结束,在接下来的第二届和第三届中日围棋擂台赛中,聂卫平以不可思议的 9 连胜,再度为中国队取得了两次胜利。

在共 11 届的中日围棋擂台赛中,中国围棋队以 7 胜 4 负的总战绩压倒日本围棋队,正式宣告"日本围棋不可战胜"神话破灭,也让世界围棋完成了从"日本一枝独秀"到"中日韩多极发展"的转变。同时,中日围棋擂台赛的胜利为中国围棋赶超日本树立了强大的自信心,激发了中国人对这项智力竞技运动的热爱,直接催生了大量的围棋爱好者,为中国围棋积淀了丰厚的人才基础。

时至今日,中国围棋已经彻底走出低谷,重回世界围棋的顶级舞台,既有如春兰杯世界职业围棋锦标赛这类世界围棋顶级赛事,又有成熟的职业联赛制度,还有多人多次问鼎世界冠军。无论是高水平的后备力量还是围棋爱好者,资源都极为充沛。

四、AI 围棋:围棋项目的新生

围棋项目入门门槛较高,属于比较小众的项目。除了中、日、韩三国,其他国家的竞技水平不高,但一直都有着非常稳定的爱好者群体。美国的谷歌(Google)公司,凭借其先进的人工智能技术,开发出一款名为"AlphaGo"的 AI(人工智能)围棋对弈程序,把围棋提升到一个前所未有的境地。

长期以来,由于围棋技术的复杂性,人们普遍认为机器人战胜人类棋手非常困难。但在 2016 年,AlphaGo 与世界围棋顶级棋手李世石的人机大战彻底改变了人们的认知。李世石以 1∶4 的战绩落败。而且这仅有的一场胜利,居然成为人类与机器人对弈的绝响。此后,人工智能围棋技术继续突飞猛进地发展,彻底拉开了与人类棋手的差距,将人类棋手远远抛在后面。

人工智能的发展对围棋的旧有格局带来了巨大的冲击:一方面,人类棋手的水平不如 AlphaGo 已是不争的事实,使得人类棋手的优越感荡然无存;另一方面,AlphaGo 的出现极大地促进了人们对围棋的认识,人类千百年来总结出的围棋理论和水平得以重新审视和改写,人们已经普遍开始将 AlphaGo 作为围棋学习和参考的重要工具。此外,这场世界瞩目的人机围棋大战,也给围棋做了一次极为成功的世界级的广告,让更多的人了解并且开始学习围棋,使得围棋这项古老的运动历久弥新。

第二章

围棋的基础知识

第一节 围棋盘和围棋子

一、围棋盘

如图 2-1 所示,围棋的棋盘是正方形,由横、竖各 19 条垂直交叉的直线组成。横线和竖线的交叉点便是围棋子的落点,棋盘上共有 361 个交叉点。

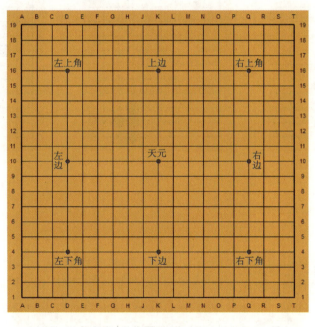

图 2-1

棋盘的形态反映了中国古人的宇宙观——天圆地方。棋盘上还有 9 个小圆点,称为"星",中央的这颗星又称为"天元"。

棋盘上的 9 颗星好像路标,把棋盘分了区域。角上星的附近地域称为"角",两角之间是"边"。中间是一个大大的肚子,称为"中腹"。有了路标,我们看围棋盘时就不是木板一块,而是有四个角、四条边和一个中腹。

二、围棋子

围棋子为扁圆形,分为黑、白两种颜色。一副围棋,黑子有 180 个,白子有 180 个(对局时棋子不会全部用完)。

棋子落在交叉点上。下围棋时由两人分别执黑白棋子进行对局。按规则,对局由执黑子方先走,执白子方后走,每人每次下一棋子,双方轮流交替,直至终局。落子后棋子不能再移动位置或者反悔重下。

三、棋子的气

围棋子落在棋盘上是有条件的,它必须要有"气"。

围棋子的"气"是具体的、可以看见的。离棋子最近并且有直线相连的交叉点就是它的"气"。有气的棋子是活子,没气的棋子就是死子,死子必须从棋盘上拿掉。

如图 2-2 所示,一黑子在棋盘中间有四口气,"×"号所标的点就是黑子的气,在一路线上的白子有三口气,角上的黑子有两口气。

如果两个以上同色棋子紧紧连成一个整体,那么它们的气就可以一起计算。如图 2-3 所示,两白子有六口气,四黑子有七口气。注意:只有同色棋子的气才可以相加。

如图 2-4 所示,两黑子各有四口气,三个白子中两个连在一起的是六口气,没有与其直线相连的另一白子有四口气。注意:只有直线相连的棋子的气才能相加。

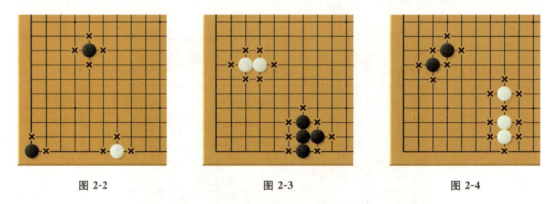

图 2-2　　　　　　　图 2-3　　　　　　　图 2-4

四、吃子

1. 堵气吃子

消灭对方棋子的行为,称为"吃子"。没有气的棋子称为"死子",必须从棋盘上拿掉。把对方棋子的气全都堵上可以实现"吃子"。如图 2-5 所示,堵气吃子共有三个步骤。

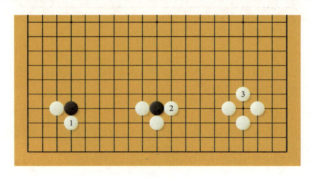

图 2-5

①紧气:白1把对方棋子的气堵上,称为"紧气"。

②打吃：白2通过紧气使对方棋子只剩下最后一口气，称为"打吃"或"叫吃"，即准备下一步吃掉对方的棋子。注意："打吃"同中国象棋中的"将军"不同，"打吃"不需要口头告诉对方。

③提子：白3把对方棋子的最后一口气堵上，同时把对方棋子从棋盘上拿掉，称为"提子"。

"气"是棋子留在棋盘上的条件，最少要有一口气。

2. 禁着点

禁着点是指棋盘上没有气的地方，棋子不能下在那里。

如图2-6所示，左边三个白棋棋形各围了1个交叉点a，是白棋的"空"，这个a点黑棋不能放子进去，因为没有气。这里是黑棋的"禁着点"。当然，白棋是可以放进去的。

在图2-6的中间棋形中，白棋三个子（带"▲"符号）只有a位一口气，但是白棋又被黑棋包围了，面临被提的危险，这时a位就不是"禁着点"。

黑1是可以放在图2-6的中间棋形的a位提子的，提掉白子后，如图2-6的右边棋形所示，黑1这个棋子有两口气。

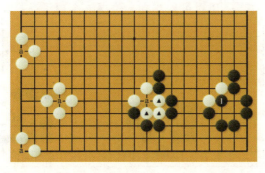

图 2-6

第二节　提子和逃棋

一、提子

没有气的棋子，必须从棋盘上拿掉，即为提子。下面是三种提子的局面。

1. 一气提子

一气提子是指对方棋子只剩一口气时，堵上这口气，然后就可以把没有气的棋子从棋盘上拿掉。

注意：下面示例中黑棋先走，本书中的大部分示例是黑棋先走。

如图2-7所示，白棋四个子，只有直线相连的子的气才能相加，其中两个白子只有一口气（×），黑子可落在×处提子。

如图2-8所示，白棋五个子只有一口气（×），黑子可落在×处提子，之后这一片的地盘都属于黑棋了。

实战中提子是一个子一个子地拿掉，拿掉的棋子可以放在桌边，也可以放回对方的棋盒。

图 2-7

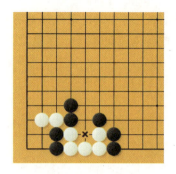
图 2-8

2. 空中提子

空中提子是指在对方的"空"中提掉对方的棋子。"空"是一方棋子围起来的地盘。

如图 2-9 所示，左边棋形中，白棋围的交叉点 a 位是白棋的空，也是黑棋的"禁着点"，黑棋不能在这里下棋；中间棋形中，白棋三个子（带"▲"符号）只有一口气，黑棋可以落在 a 位提子；右边棋形中，黑棋包围了五个白子（带"▲"符号），虽然白子比较多，但是白子直线相连的只有一口气，黑棋可以落在 a 位提五个白子。

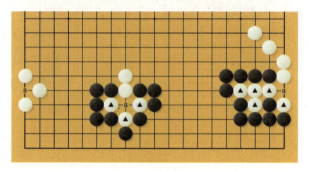
图 2-9

3. 互相提子

互相提子是指双方都处在被打吃的状态，谁眼尖手快，谁提子。当棋盘上的棋子较多且相互交错时，就要仔细分析棋子间的关系和气的状态。

如图 2-10 所示，黑、白各有五个子，互相分断和包围。各有两个子只有一口气，谁先下，谁提子。

如图 2-11 所示，黑两个子、白三个子都只有一口气，这口气还在同一个交叉点 a 上。若黑棋先走，则 a 位提子（白棋先走亦然）。

图 2-10

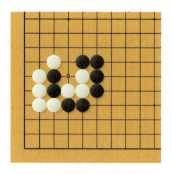
图 2-11

二、逃棋

被打吃的棋子,如果条件允许,可赶快逃跑。逃棋的方法主要有两个——长气逃棋和连接逃棋,简单有效。

1. 长气逃棋

长气逃棋是紧挨着被打吃的棋子再下一子,增加棋子气的数量,以实现逃棋。

如图2-12所示,黑1打吃,则用白2长,使之有三口气。由于黑棋一次只能堵一口气,所以白棋逃掉了。

如图2-13所示,黑棋两子在白棋的半包围圈中,已经比较危险了,可在a位或b位长气逃棋。选择哪一个呢?如图2-14所示,选择黑1落在a位长气,有四口气,多数情况下棋子的气越多,"命"越长。

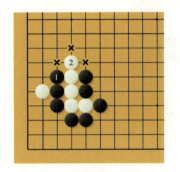
图2-12

图2-13

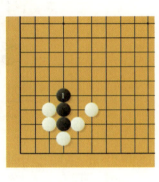
图2-14

2. 连接逃棋

连接逃棋是指将被打吃的棋子直接和自己的子连起来,子多气多,以实现逃棋。

如图2-15所示,角上黑子(带"△"符号)被打吃,用黑1连接,和外面黑棋连在一起,气就变多了。

如图2-16所示,两个黑子气紧(即气少的意思),用黑子在a位连接,之后黑棋安全。

如图2-17所示,白1打吃黑棋三个子(带"△"符号),用黑2连接救走,还反叫吃白1这个子。

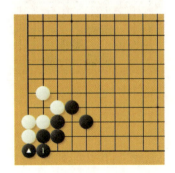
图2-15

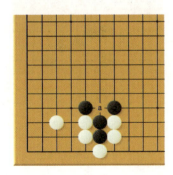
图2-16

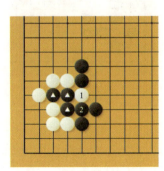
图2-17

第三节　打二还一和打劫

打二还一和打劫是围棋中不同的技术,它们之间有很大的区别。围棋的规则比较简单,其中有点复杂的技术就是打劫。现将分别进行介绍。

一、打二还一

"打二还一"就是一方提两个子,而对方回提一个子。如图 2-18 所示,A 中白棋两个子(带"▲"符号)只有一口气;B 中黑 1 提子,提子以后,这个黑子只有一口气;C 中白 2 回提黑 1。如果白 2 不想提黑 1 这个子,也可以走其他的地方。

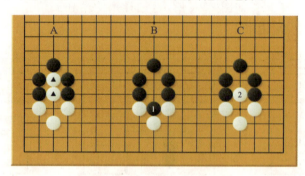

图 2-18

如图 2-19 所示,白棋先走,黑棋三个子(带"△"符号)只有一口气,白棋落 a 位提这三个子。黑棋又可以提回这个白子,这种棋形可以称为"打三还一"。

如图 2-20 所示,黑棋先走,白棋两个子(带"▲"符号)只有一口气;如图 2-21 所示,黑 1 提子,黑棋这两子有一口气。白棋落 a 位又可以马上回提黑棋两个子。这种棋形可以称为"打二还二"。

图 2-19

图 2-20

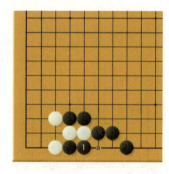

图 2-21

二、打劫

1. 打劫概念

双方互提一子的特殊形状称为"劫",互相提子的过程称为"打劫"。

如图 2-22 所示,在左边棋形中,黑棋可以在 a 位提吃白子(带"▲"符号),即黑 1 落 a 位提白子(见图 2-22 的中间棋形);如果白 2 立刻把黑子提回(见图 2-22 的右边棋形),而黑棋也可以又提吃白子，如此循环往复。这样重复的局面永远也下不完，所以围棋规则明确规定不允许出现这种现象，白2错误。

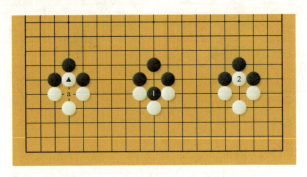

图 2-22

2. 打劫的基本术语和步骤

①提劫：打劫的第一步是提劫，当"劫"的形状第一次出现时，可以提劫。

如图 2-23 所示，黑棋先走，黑1打吃以后，白棋本来可以粘上救白子（带"▲"符号），但是白2没有粘，而是下在了上面，这就是"劫"的形状第一次出现。

如图 2-24 所示，黑3提吃白子（带"▲"符号），称为"提劫"，因为"劫"的形状第一次出现时可以提劫。

这时，白棋不能马上吃回黑3，否则就违反围棋规则了。白棋如果要提子，必须在棋盘的其他处选点走一着棋，迫使黑棋应上一手棋，这时白棋才有资格再提回黑棋。

②找劫材：打劫的第二步是找劫材。就是迫使对方应上一手棋，而自己再回去提劫。图 2-24 中白4打吃的目的就是找劫材，迫使对方应一手棋。

③应劫：打劫的第三步是"应劫"。一方找劫材，另一方跟着应一手棋，称为"应劫"。图 2-24 中，黑5粘上，黑5这手棋称为"应劫"。

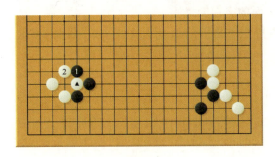

图 2-23

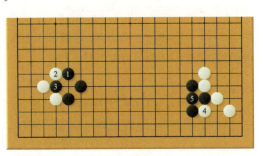

图 2-24

如图 2-25 所示，黑白棋这样走了一个回合，白6就有资格再提回黑3这个子。同样地，黑棋若想提回白6，也要在某个地方找劫材，而且要让对方不得不应棋。如黑7打吃，要救白4这个子，白8只好"应劫"，黑棋找劫材成功了。

如图 2-26 所示，黑9再回去提劫，又轮到白棋找劫材，白10挡，意图吃黑7这个子，目的也是找劫材。这个时候黑棋有三个选择：第一个选择是应劫，走a位粘；第二个选择是不应劫，在棋盘任意点下棋；第三个选择是直接把这个劫粘住，即粘劫，黑11把劫粘上，打劫结束。

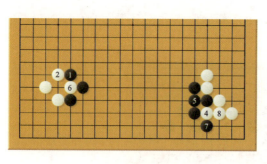

图 2-25　　　　　　　　　　图 2-26

④粘劫：把劫粘上称为"粘劫"。

打劫在对局中经常出现，我们要重点掌握打劫的基本过程。当劫第一次出现时己方可以提劫，然后对方要找劫材，己方应劫以后，对方才可以提劫。当对方找劫材的时候，己方也可以不应劫，走其他地方或者粘劫。

"打二还一"和"打劫"的不同点在于，"打二还一"只是走两步提子就结束了；而"打劫"在有劫材的情况下，可以反复提子。打劫时需要记住：提劫以后不能马上提回，必须找劫材，隔一着棋才能回提棋子。

第四节　围棋着法名称

围棋棋子没有身份的区别，也没有固定走法。围棋的着法名称是根据行棋的目的及棋子落点来确定的。

一、12个(组)着法名称

1. 空和目

空：指一方棋子围起来的地盘；目：指空里面的空白交叉点。

如图 2-27 所示，左边是白棋围的地盘，右边是黑棋围的地盘。这两个棋形用围棋术语描述是白空有 6 目，黑空有 9 目。

2. 长(cháng)

紧挨着一个同色棋子再下一子，称为"长"。

如图 2-28 所示，左边黑 1 为长；右边白棋一子被打吃，白 2 也是长。逃棋时经常使用长这种着法。

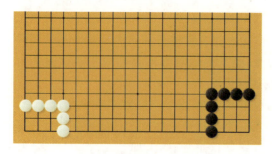

图 2-27　　　　　　　　　　图 2-28

3. 小跳和大跳

在同色棋子的同一条直线上,隔一路走一子,称为"小跳";隔二路走一子,称为"大跳"。

如图 2-29 所示,黑 1、白 2 是小跳;黑 3、白 4 是大跳。逃棋和围空时经常采用跳这种着法。

4. 小飞和大飞

从同色棋子出发,向"日"字形的对角上走一子,称为"小飞";向"目"字形的对角上走一子,称为"大飞"。

如图 2-30 所示,黑 1 和白 2 是小飞,黑 3 和白 4 是大飞。飞是围空时的常用着法。

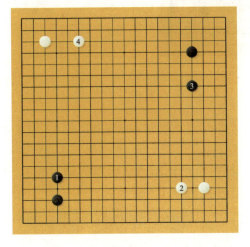

图 2-29

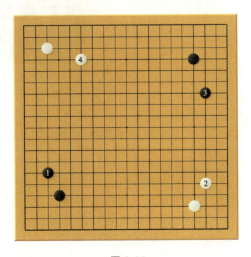

图 2-30

5. 小尖

从同色棋子出发,向"口"字形的对角上走一子,称为"小尖"。

如图 2-31 所示,黑 1 和白 2 是小尖。小尖是活棋和围空时的常用着法。

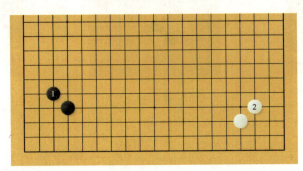

图 2-31

6. 拆边

在有己方棋子的基础上,在边上走一子,距离超过大飞和大跳,称为"拆边",目的是配合己方棋子围边空。

如图 2-32 所示,左上角有三个黑子,黑 1 拆边,距离超过大飞,和这三个黑子配合在边上围空;棋盘的下边比较空旷,在左下角星位白子的基础上,白 2 也是拆边,目的是扩大白棋在下边的势力。

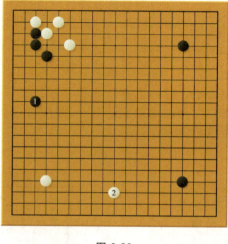

图 2-32

7. 断点

把棋子分断的地方称为"断点"。断点可以阻止棋子直线相连,破坏力比较大,需要仔细寻找。

如图 2-33 所示,黑 1 走的地方就是断点,把白棋两个子试图直线相连的路切断了,形成黑白双方相互扭断的棋形。这个棋形有个专门的名字,叫作"扭十字"。

如图 2-34 所示,白棋先下,白 1 断,使黑棋两个子处于危险境地,其中一子有可能会被吃掉。

如图 2-35 所示,找到白棋三个子的断点,黑 1 断。

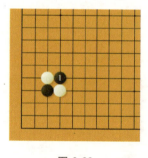

图 2-33

图 2-34

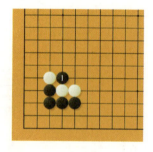

图 2-35

8. 虎口

两个小尖组成的棋形,称为"虎口"。

如图 2-36 所示,左边两个黑子是小尖,对角落黑 1 又得一个小尖,现在这个棋形称为"虎口"。白棋在虎口里下棋,只有一口气,黑棋可以马上提子。在图 2-36 的右边,白棋有两个断点,白 2 双虎补好断点后棋形完美。虎是补断及做眼时的常用着法。

9. 粘

把有可能被分断的棋直线连接在一起,称为"粘"。

如图 2-37 所示,左边白 1 想要分断黑棋,黑 2 粘,把黑棋直线连接在一起,安全了;右边白棋有断点,白 3 粘得很"牢固",白棋这个棋形称为"铁三角",是个好棋形。粘是补断的常用着法。

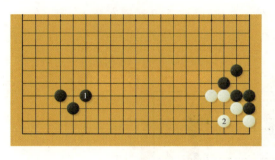
图 2-36

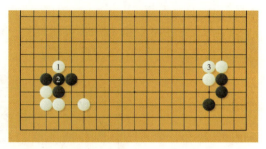
图 2-37

10. 冲

己方棋子向对方棋子的空隙处走一子，称为"冲"。冲是分断对方棋形的常用着法。

如图 2-38 所示，黑 1 冲，把白棋上下分断，下面这个白子凶多吉少。

11. 挡

对方冲的时候，堵住它的去路，称为"挡"。

如图 2-39 所示，白 1 冲，黑 2 必须挡，不能让它冲下来，否则黑空都被冲散了。挡是连接时的常用着法。

12. 扳

当双方棋子并排紧挨在一起时，贴在对方棋子的前面下一子，称为"扳"。

如图 2-40 所示，黑白棋子并排紧挨在一起，黑 1 扳，拦在白棋前面，阻止它发展；白 2 也是扳，目的是在角上活棋，黑 3 长，白 4 长，黑 5 长；现在白 6 也是扳，黑 7 挡，不挡的话白棋就从角上跑出来了；白 8 粘补断点，黑 9 虎补断点。这个棋形一共有 3 个扳。

图 2-38

图 2-39

图 2-40

二、布局欣赏

围棋一盘棋分为三个阶段：布局、中盘和官子。布局是一盘棋的开始阶段，本节介绍的着法在布局阶段经常使用。下面欣赏一盘围棋布局，进一步了解这些着法的作用。

如图 2-41 所示，围棋是黑棋先走，黑棋、白棋通常会各占两个角上的点，基本都是在星位的周围。黑 5 占边，这个布局称为"中国流"。白 6 小飞守角，要加固和扩大左下角。黑 7 挂角去侵消白棋左上角，白 8 小飞守角，黑 9 小飞继续进角。白 10 也积极地进攻黑角，黑 11 小跳守角，白 12 点三三进角，黑 13 挡，分断两个白子。白 14 扳，黑 15 挡，白 16 粘，黑棋这里有个断点，所以黑 17 粘以补断点。白 18 小飞角上活棋，局部告一段落。黑 19 拆边，利用黑棋一道墙的厚势，准备在上边围空，同时威胁白棋左上角两个子。白 20

大跳,加强自己。黑 21 小飞,继续围空,白 22 小尖,避免被黑棋封锁在角上,黑 23 长。白 24 小尖,守住半个角,黑 25 大跳,用三个黑子围出一小片地盘,左角黑、白各自安定。现在棋盘上是 25 手棋,双方局势平稳。

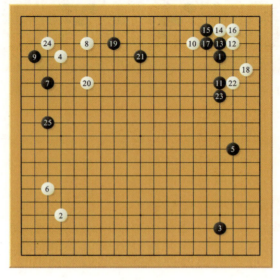

图 2-41

第五节　分断和连接

断点在对局中的杀伤力比较大,下棋的时候如果能把对方的棋分断,可以分散对方力量。就像两军作战,把敌方部队切断分割开来,然后分别歼灭。

一、分断

把对方的棋子分成两部分,称为"分断"。棋形上面很多的弱点和漏洞,都是由断点产生的,找到断点是分断的关键。分断往往是吃子的前奏,对双方棋子的影响都比较大。

如图 2-42 所示,左边黑 1 把黑棋的两棋子连接成一个整体,白棋就被一道墙分断;右边白 2 连接白棋的两棋子,黑棋被分断。双方连接或者分断,棋子的力量差别很大。可以这样说,对方连接的要点,就是己方分断的要点。

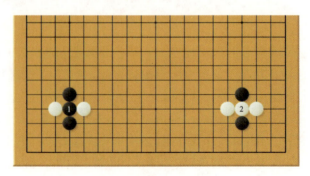

图 2-42

分断可以达到两种效果:分断吃子和分断削弱对手力量。

1. 分断吃子

如图 2-43 所示,黑棋先走,白棋三个子有个断点,黑 1 可以在这里打吃,也叫作断吃。

如图 2-44 所示,找到白棋的断点,黑 1 断,打吃白棋四个子。

图 2-45 是实战中常见的棋形,白棋在二路线有断点,黑 1 断吃后,白棋两个子无路可跑。

图 2-43　　　　　　　　图 2-44　　　　　　　　图 2-45

2. 分断削弱

如图 2-46 所示,黑 1 断开白棋,白棋角上一子生死不明,外面一子将来的发展也受影响。虽然黑棋没有马上吃子,但白棋这里也无法同时处理好两个子。

如图 2-47 所示,白棋先走,白 1 分断,黑棋边空缩水,上面三个黑子也是凶多吉少,黑棋力量变弱。断开对方的棋子,即便不吃子,也会分散对方的力量。如果是黑棋先下,黑子落在断点上连接,黑棋下面边空很大,棋形坚实。

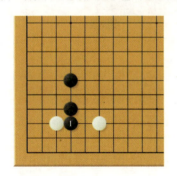 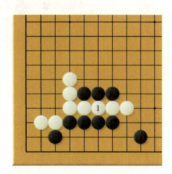

图 2-46　　　　　　　　　　　　图 2-47

二、连接

有分断就有连接。把两个或两个以上己方棋子连接在一条直线上,称为"连接"。围棋有一句话:"敌之要点,我之要点。"敌人要断开的,就是我要连接的。常见的连接方法是粘、虎和渡过。

①粘:连接的首选方法,即把断点用己方的棋子粘住。

如图 2-48 所示,先找断点,白棋两个子被黑子(带"△"符号)瞄准着,准备断吃。如图 2-49 所示,白 1 直接粘住断点,救回两个子。

如图 2-50 所示，白 1 连接，白棋三子和外面"援兵"连接上，解除危险。

图 2-48

图 2-49

图 2-50

②虎：利用虎口的威力补断点。

如图 2-51 所示，左边黑棋三路线有个断点，黑棋可以选择在断点处粘或者虎。但是仔细研究的话，粘使棋子挤成一团，棋形沉重；虎的话，断点补上了，棋形更有利于后续发展，所以选择黑 1 虎。

图 2-51 中，右边白棋二路线有断点，白棋补断可以粘，也可以虎，选择白 2 虎。

大多数情况下能"虎"就能"粘"，但"虎"的棋形更生动一些。

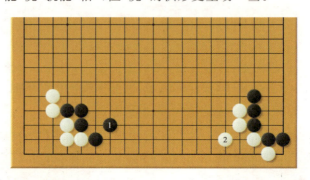
图 2-51

③渡过：渡过通常走在一路线上，好像搭了座小桥，把两边的棋子连在一起。

如图 2-52 所示，黑棋有可能被白棋断开，唯一的生路是黑 1 在一路线上渡过，黑棋两边就连接上了。

如图 2-53 所示，黑 1 把角上有危险的四个黑子和外面的黑子连在一起。

图 2-52

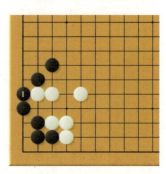
图 2-53

练 习 题

第一题，黑棋先下

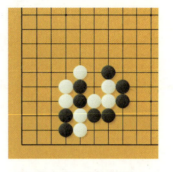

第二题，黑棋先下

第三题，黑棋先下

第四题，黑棋先下

第五题，黑棋先下

第六题，黑棋先下

练习题答案

第三章

吃子技巧

第一节 打吃的方向和双叫吃

一、打吃的方向

提子的前一步是打吃。打吃的时候要考虑方向,打吃的方向精准了,对方的棋子就逃不掉。

1. 边线打吃

边线打吃:指向棋盘的边线打吃,被打吃的棋子无路可逃。

如图 3-1 所示,一路线白子有两口气,黑 1 在二路线打吃,把白棋往角上赶,白 2 长气逃跑,黑 3 继续在二路线盖吃,白棋再跑,黑棋再追,将白棋一直往边角驱赶,白棋越跑死的子越多。一路线被打吃的棋子不能跑。

如图 3-2 所示,二路线白棋一子有两口气,黑 1 必须在二路线打吃,把白棋往一路线方向赶,白 2 长,黑 3 继续打吃,已经到棋盘的边缘,白棋再逃的话,黑棋就可以提子了。二路线被打吃的棋子不能跑。

如图 3-3 所示,如果黑 1 在一路线打吃,白 2 长,延长出三口气,白棋就跑掉了。

一路线和二路线的棋子最好向边线方向打吃,这样被打吃的棋子将跑不掉。

图 3-1

图 3-2

图 3-3

2. 抱吃

把对方的棋子往己方打吃,对方也没有逃走的机会,称为"抱吃"。

如图 3-4 所示,黑棋要先找到可能被吃掉的两个白子,再找到能帮忙的黑子,这样打吃两个白子就比较容易。

如图 3-5 所示,黑 1 抱吃,白棋跑的话就会被提子。

如图 3-6 所示，黑 1 打吃错了方向，白 2 长出三口气，黑棋打吃失败。

图 3-4

图 3-5

图 3-6

如图 3-7 所示，白棋一子（带"▲"符号）分断黑棋，黑棋只有吃掉这个白子才能使几个黑子连通。

如图 3-8 所示，第一步把白子（带"▲"符号）向己方打吃（黑 1），第二步白棋长出来以后有两口气（白 2），第三步比较关键，黑 3 在下面打吃，白棋跑不掉。

如图 3-9 所示，如果黑 3 在上面打吃，白 4 拐下来，白棋成功逃跑，还反叫吃黑棋一子。

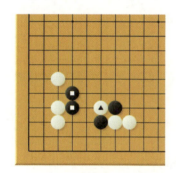
图 3-7

图 3-8

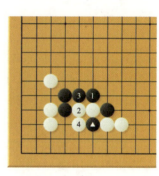
图 3-9

3. 关门吃

关门吃：指打吃的时候收紧口袋，好像关在门里，让对方棋子跑不掉。

如图 3-10 所示，白棋两个子有两口气，吃掉它们就可以救出下面两个黑子。

如图 3-11 所示，黑 1 关门吃，白棋还有一口气，白 2 想冲出来，但会被黑棋提子。

图 3-10

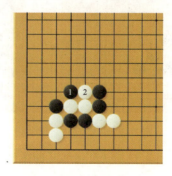
图 3-11

如图 3-12 所示,黑棋先走,黑棋三个子、白棋两个子都有危险。

如图 3-13 所示,黑 1 关门吃,白棋跑不掉。

如果黑棋打吃错了位置,白棋局面峰回路转。如图 3-14 所示,黑 1 打吃,白 2 跑,这就变成黑棋四个子只有一口气,正好被白 2 逃跑的这个子打吃着,跑不掉了。可见,黑棋打吃错了位置,反而惹火烧身,损失惨重。

图 3-12

图 3-13

图 3-14

被关门吃的棋子跑不掉,因此不用再花手数去提子。

打吃的方向上面介绍了三种,正确的打吃方向可以封锁对方逃跑的路线,提高成功提子的概率。

二、双叫吃

一个棋子同时打吃对方两部分的棋子,称为"双叫吃"。双叫吃的技术关键是发现断点,让对方只能弃掉其中一部分棋子。

1. 一步双叫吃

如图 3-15 所示,白棋的断点很明显。

如图 3-16 所示,黑 1 同时打吃白棋两个子,白棋只能选择其中一子长气逃走,另一子则被黑棋提子。

如图 3-17 所示,如果黑棋没有发现双叫吃的断点,黑 1 打吃,白 2 粘,黑棋一无所获,浪费了一次绝佳的提子机会。

图 3-15

图 3-16

图 3-17

如图 3-18 所示,白棋占据角空,黑棋拥有外围厚势,虽然双方看起来都很完美,但是白棋有断点。黑 1 避开虎口,走在中间的断点上,同时打吃两边的白子,白棋只能救走一边的白子。

如图 3-19 所示,比较容易看出双叫吃的断点。黑 1 断,一路线的白子跑不掉,白棋只能救上面两白子。

图 3-18

图 3-19

2. 三步双叫吃

有时双叫吃的走法不是很明显,需要先做一些准备,创造条件。

如图 3-20 所示,仔细观察可发现白棋的断点比较多,有三个断点,断点多通常不是好事。围棋有"棋逢断处生"的说法,意思是说断点多容易生是非。

如图 3-21 所示,黑棋先做准备,黑 1 打吃,白 2 粘上,条件成熟时,黑 3 走出双叫吃,一边打吃白三个子,一边打吃白一个子。

图 3-20

图 3-21

如图 3-22 所示,白棋的两个断点很明显。

如图 3-23 所示,黑 1 打吃,如果白 2 粘,则黑 3 双叫吃。

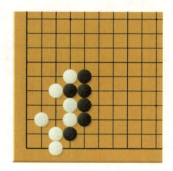

图 3-22

图 3-23

第二节　征子及逃征子

征子是围棋中唯一一个有规律的吃子方法,它的特点是每一步棋都是打吃,一直追到边线,最后全部提子。追的路线可以拉得很长,所以称为"征子"。征子的走法相对简单,重点是掌握打吃的方向。

一、征子

如图 3-24 所示,白棋有两口气,黑棋打吃的方向是关键。

如图 3-25 所示,黑 1 从上面打吃,白 2 长出两口气,黑 3 拦头打吃,白棋只有一条路可走,白 4 往上面跑,黑 5 拦头打吃,白 6 又往下面跑,黑 7 继续拦头打吃,白 8 往上面跑,黑 9 再拦住,白 10 跑到二路线,黑 11 就在二路线上打吃,白 12 再跑,黑 13 再拦,白棋已经无路可逃了,之后黑棋就可以全部提子。这就是"征子"的过程。

如图 3-26 所示,黑 1 打吃错了位置,白 2 长,白棋有三口气,白棋跑掉了。

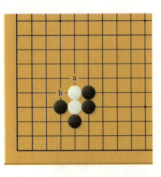
图 3-24

图 3-25

图 3-26

如图 3-27 所示,黑棋先下,白棋两个子(带"▲"符号)有两口气,黑棋该怎么打吃白棋呢?

如图 3-28 所示,黑 1 从上面打吃,用征子的方法把白棋往边线赶。白 2 跑,黑 3 拦头,黑 5 拦头,黑 7 拦头,直至白棋无路可逃。

如图 3-29 所示,如果黑 1 从下面打吃,白 2 往上面跑,黑 3 拦头打吃,白 4 拐,这样问题来了,白棋反叫吃黑棋一子,黑 1 打吃失败。

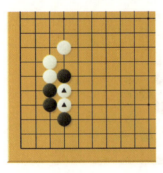
图 3-27

图 3-28

图 3-29

征子的特点是拦头堵路,从两边轮番打吃,使对方每跑一着棋都只有两口气。这种棋形走得拐来拐去，所以它还有个比较形象的俗称——"拐羊头"。被征子的一方，如果无法逃脱，只能赶快放弃，免得棋子越死越多。

二、逃征子

1. 逃征子的条件

逃征子的条件是逃跑的路上有己方棋子接应，连在一起气数增多，就不会被打吃了。逃征子时，重要的是看被征子方对角的6条大斜线上是否有己方棋子，如果有子就可以接上，征子不成立。

如图3-30所示，白棋两个子被打吃，能否逃掉，就看对角的这6条大斜线上有没有白棋的子。

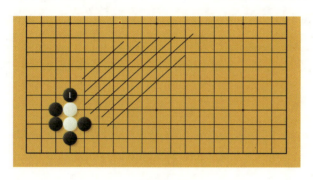

图 3-30

如图3-31所示，白棋有一个子（带"▲"符号）在对角的1条大斜线上面，黑1打吃，想想白棋跑出来和该白子接上呈什么状态？

如图3-32所示，白2跑，黑棋连续打吃，白棋朝着接应子跑，最后白棋十个子连在一起有四口气，安全了。

如图3-33所示，白棋跑了，黑棋征子失败。现在黑棋的麻烦来了，白棋之后可以在a、b、c、d、e位双叫吃，黑棋损失惨重。

图 3-31

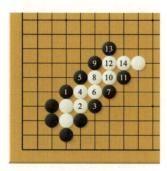

图 3-32

图 3-33

2. 引征

被征子方没有接应子，就不能逃跑。这时可以在征子的必经路上落一子，作为准备接应的子，这种手段称为"引征"。这时征子方面临选择：吃掉征子或者放弃。引征的作用是降低征子损失，寻求利益转换。

如图3-34所示，黑1打吃，白棋在6条大斜线上没有己方棋子。但白棋可以通过白2在右下角引征。

如图 3-35 所示,黑 3 提子,白 4 小飞守角。白棋通过白 2、白 4 这两手棋获得角上地盘,双方各有所得,这就是引征的作用。

图 3-34

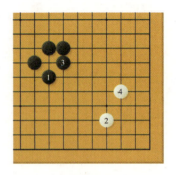

图 3-35

需要强调的是,征子的后果比较严重,双方一旦开征,一定会有一方损失惨重。若征子成功,可以全部提子;若征子不成功,那么征子方都是断点,难以处理。

第三节　枷吃和扑吃

一、枷吃

枷是中国古代锁罪犯的一种刑具。枷吃的棋形与这种刑具比较相似,特点是罩住对方,不紧气,但对方也跑不掉。围棋艺术源自生活,它的很多术语都非常生活化、形象化。

如图 3-36 所示,白棋一子两口气,如果堵气吃子,是征子,白棋有接应子的话就跑掉了。黑 1 小跳,把白子虚罩起来,不堵气,白子也跑不掉。这种方式就称为"枷吃",又称为"跳枷"。

如图 3-37 所示,黑 1 跳枷,把白棋两子罩住。

如图 3-38 所示,白 2 小跳准备逃跑,黑 3 冲,白 4 挡,黑 5 断吃,白棋无法逃脱,被枷吃的白子跑不掉。

图 3-36

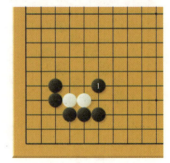

图 3-37

图 3-38

有时枷的出现,不是一蹴而就的,还要做点准备,创造条件。

如图 3-39 所示,黑棋被白子(带"▲"符号)分断,吃掉这个白子对黑棋意义重大,可以使黑棋的两块棋连通。

如图 3-40 所示,黑 1 先打吃,白 2 长,黑 3 再枷吃连通。这个棋要算三步棋,第一步打吃,第二步长,第三步跳枷。

如图 3-41 所示,如果黑 1 直接跳枷,白 2 长,黑 3 扳,白 4 拐下来,黑棋两个子(带"△"符号)反而死在里面。

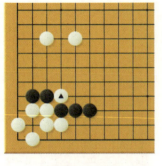

图 3-39

图 3-40

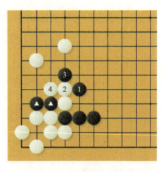

图 3-41

二、扑吃

扑吃是一种钓鱼手法,先送对方吃一子,再把对方全吃回来。在对方的虎口内送一子让其提子,作用是缩减对方棋子的气,这是一种弃子战术。

1. 倒提

倒提:扑在对方虎口内,对方提子后,能立刻反提对方棋子的着法。

如图 3-42 所示,黑 1 扑进虎口,白 2 提子(图 3-43),黑 3 立刻将白棋三个子提吃(图 3-44)。

图 3-42

图 3-43

图 3-44

如图 3-45 所示,白棋四个子(带"▲"符号)比较危险。

如图 3-46 所示,黑 1 在边上一路线的虎口扑。

如图 3-47 所示,白 2 提子后,黑棋可以在 a 位倒提五个白子。

图 3-45

图 3-46

图 3-47

2. 接不归

接不归：就是造成对方棋子有家难归的局面。

如图 3-48 所示，黑棋有机会吃掉白棋的两个子（带"▲"符号），怎么走呢？

如图 3-49 所示，如果黑 1 直接打吃白子，白 2 粘，白棋四个子有两口气，黑 3 再打吃，白 4 粘，白棋全部连上了，黑棋吃子失败了。

如图 3-50 所示，黑 1 大胆地扑进一路线虎口。

图 3-48　　　　　　图 3-49　　　　　　图 3-50

如图 3-51 所示，白 2 提子，黑 3 打吃。

如图 3-52 所示，白 4 粘上，现在五个白子只有一口气，黑棋可以在 a 位提子。所以白棋不能粘，接不归。

如图 3-53 所示，如果白 4 粘外面，黑棋也可以在 a 位提三个白子。

黑 1 扑是弃子战术，目的是缩减白棋的气以后，再吃掉白棋。

图 3-51　　　　　　图 3-52　　　　　　图 3-53

注意：前面"粘子"后面"提子"，是典型的"接不归"棋形。接不归就不能接，否则棋子越死越多。

3. 滚打包收

滚打包收：利用弃子，结合扑、打吃、抱吃等多种手段，使对方棋子气变少，待棋形团成愚形后再吃子。滚打包收是多种围棋技巧的综合运用。

如图 3-54 所示，这个棋形有点复杂，先分析面临的问题，黑白棋子互相分断，角上白棋两个子和黑棋两个子都岌岌可危。黑棋先走，如果吃掉白棋的两个子（带"▲"符号），黑棋就可以全面连通。这两个白子是棋筋（棋筋就是起关键作用的棋子），意义重大。

如图 3-55 所示，黑 1 直接打吃，白 2 粘，白棋粘上后有三口气，成功逃跑了。

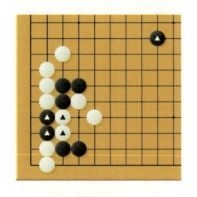

图 3-54

图 3-55

如图 3-56 所示，黑 1 扑，弃子，是正确的走法。

如图 3-57 所示，白 2 提子，黑 3 再打吃，白 4 只好粘上，这时白棋的棋形已经开始变得沉重了。

图 3-56

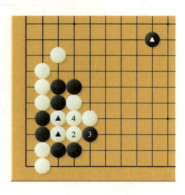

图 3-57

如图 3-58 所示，黑 5 继续打吃，白 6 逃跑，黑 7 打吃，形成征子，黑棋前面还有一个帮忙的小兵（带"△"符号的黑子）等着，直至黑 19 征子成功。

这个棋综合运用了滚打包收和征子，最后吃掉了白棋的棋筋。

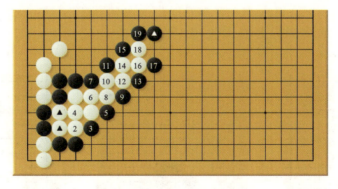

图 3-58

第四节　对　杀

对杀是指双方的两块棋相互包围，唯一的出路是吃掉对方的棋子。对杀不是一场乱战，而是有规律可循的，下面介绍对杀相关内容。

一、对杀中"气"的种类

对杀成功的关键在于棋子的气。对杀中棋子的气分为三种："外气""公气"和"内气"。

①外气：指被包围棋子一方私有的气。如图3-59中，a点是白棋的外气，b点是黑棋的外气。

②公气：指被包围棋子双方共同拥有的气。如图3-59中，c点既是黑棋的气，又是白棋的气，因此为公气。

③内气：指由被包围棋子所围成的眼里面的气。如图3-59中，d点是黑、白双方各自的内气。

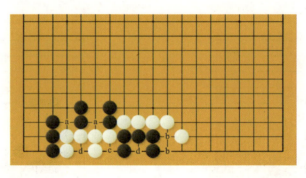

图 3-59

二、对杀口诀

1. 气数相等，先下有利

遇到对杀的局面，先数清楚双方气的数量。气数一样，谁先下谁有利。

如图3-60所示，黑三个子和白三个子均处于对方的包围之中，各有两口外气。它们既做不出两只眼，又无法逃跑，唯有吃掉对方，才能救活自己。

如图3-61所示，黑棋先走，先紧气，之后白棋被提子。

如图3-62所示，如果白棋先走，白1先紧气，之后黑棋被提子。

图 3-60

图 3-61

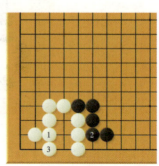

图 3-62

2. 长气杀短气

对杀一方的气数明显多于另一方,则长气杀短气,气短的一方先走也没用。如果气长的一方先走的话,则不需要去紧气提子。

如图 3-63 所示,黑棋四个子有三口气,白棋四个子有四口气,黑棋的气数明显比白棋少,黑棋杀不过白棋,属于长气杀短气。

如图 3-64 所示,黑 1 先走紧气,白 2 紧气,黑 3 紧气,白 4 打吃黑棋。因为黑棋少一口气,对杀中黑棋失败。

图 3-63

图 3-64

如图 3-65 所示,通过分析可以看出白棋五个子和下面黑棋三个子对杀,白棋四口气,黑棋三口气。长气杀短气,无论谁先走都是黑棋死。

如图 3-66 所示,黑 1 先走,至白 4 还是黑棋死。所以这个棋如果白棋先走,可以不用马上紧气吃掉黑棋。

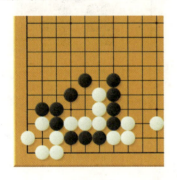

图 3-65

图 3-66

3. 先紧外气,后紧公气

当对杀的两块棋同时具有外气和公气时,一定要先紧外气,后紧公气。如果先紧了公气,那么在紧对方气的同时,相当于也紧了己方一口气。己方少了一口气,就有被吃掉的可能。

如图 3-67 所示,黑棋四个子有两口外气、一口公气(a 位),白棋也是同样的。

如图 3-68 所示,按照"先紧外气,后紧公气"的原则,黑 1 紧白棋的外气,白 2 也紧黑棋的外气,黑 3 打吃,白棋死。

如图 3-69 所示,如果先紧公气,虽然紧了对方一口气,但也紧了己方一口气。黑 1 紧公气,白 2 打吃,黑棋先死。先紧公气是错误的行为,无异于"自杀"。

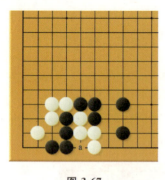
图 3-67

图 3-68

图 3-69

三、双活

图 3-70 的棋形与图 3-67 的不同之处在于黑、白双方的公气是两口气。

如图 3-71 所示,根据"先紧外气,后紧公气"的原则,黑 1 至白 4 双方都在紧外气。目前只剩下两口公气了,该黑棋走,还能去堵白棋的气吗?黑 5 堵气,白 6 走 a 位提吃黑棋五个子。可见,黑棋堵了白棋的气,也堵了自己的气。

图 3-70

图 3-71

如图 3-72 所示,黑 1 至白 4 双方都在紧外气,剩下这两口公气谁都不紧,谁紧谁死棋。双方都不走,就是双活。双活是活棋的一种特殊形式。对杀时当公气在两口气以上,双方外气基本相等时,双活的可能性很大。

图 3-72

实战中对杀的局面千变万化,各种情况都会出现,比如双方棋子的气数都特别多,或者一方有内气(眼),则要根据具体的局面,进行精确计算才能判断成败,绝不能简单地套用"公式"。有关对杀的技巧,大家可以做一些题目练习,并在实战中留心揣摩。

第五节 活棋的条件

棋盘上无法被吃掉或提子的棋子,称为"活棋"。棋盘上最终会被对方提子的棋子,称为"死棋"。

一、两眼活棋

棋子存在于棋盘要有气,但是有气的棋子也可能被堵气提子。棋子永远不死需要满足一个条件:棋形中有两个眼。

如图 3-73 所示,左边黑棋被包围,里面有两口气,白棋先走,可以扑在 a 位紧气,待黑棋提子后,白棋再于 a 位把黑棋全部提走。因此,这个棋形可以判定黑棋是死棋,白棋可不用再花手数去提子,直到棋局全部下完,判断胜负时再从棋盘上拿掉黑棋。

在图 3-73 中,右边黑棋还是有两口气,但是其由黑子(带"△"符号)分隔成两个独立的交叉点,称为"眼"。这两个交叉点是白棋的禁着点,白棋的子下不进去。白棋不能紧黑棋的气,就不可能完成提子,所以黑棋是活棋。

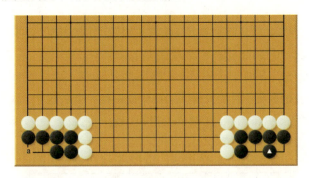

图 3-73

如图 3-74 所示,左边黑棋被包围,一口气也没有被堵上,虽然有八口气,但黑棋仍然是死棋。因为它没有两个眼,若冲不出包围圈,最终还是会被提子。

在图 3-74 右边,假如黑棋想冲出包围圈,黑 1 冲,白 2 挡,再冲再挡,把气都堵上,直到白 10,最终还是会被提子。

提示:判定图 3-74 左边黑棋是死棋以后,白棋也没有必要再花一手棋去提吃黑棋六个子。

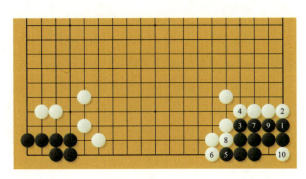

图 3-74

如图 3-75 左边，黑棋同样被包围，有八口气，与图 3-74 不同的是黑棋有两个独立的眼，使黑棋成为活棋。如图 3-75 右边，黑棋也有两个眼，也是活棋。

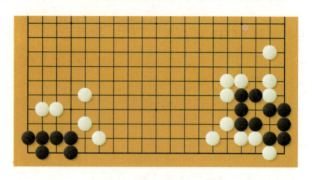

图 3-75

提示：活棋的标志是有两个独立的眼。眼是由同色棋子围起来的交叉点，当然也是气。

二、识别"假眼"

一个眼如果最终因为被打吃而粘上，那就是假眼。因为粘上就没有这个眼了。

有个简单的方法，可帮助大家辨别真假眼。如图 3-76 所示，这是三个不同位置的眼，它们的关键点要被己方的棋子占住，才能确保是真眼。两子之间的夹角处（图 3-76 中带"△"和"▲"符号的棋子）就是关键点，角上的眼有一个关键点，边上的眼有两个关键点，都要占住才是真眼。中间的眼有四个关键点，最少要占据三个，否则就有可能被对方打吃粘上而变成假眼。

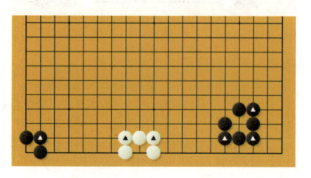

图 3-76

如图 3-77 所示，左边白棋看似有两个眼，其实右边的眼有问题。因为黑棋在打吃白子（带"▲"符号），这是一个劫，无论谁打赢这个劫，最后都要粘劫，这个眼也就消失了。

在图 3-77 右边，黑棋角上的眼是真眼，而上面的眼是假眼。上面的眼的四个关键点中，黑棋占两个，白棋也占两个。之后若白棋把黑三子（带"△"符号）的三口外气堵上，就形成打吃，这个眼也消失了，所以上面的眼为假眼，黑棋是死棋。

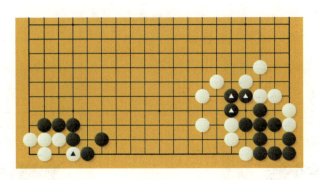

图 3-77

三、可以点死的大眼

一块棋被包围之后,它的死活在于能否做成两个眼。己方要活棋就去做眼,对方要活棋就去破眼。下面介绍四个经典棋形,可以加强大家对活棋的认识。

直三:如图 3-78 所示,黑棋被白棋封锁在角上,三个空在一条直线上,称为"直三"。

在图 3-78 左边,黑棋先走,黑 1 点,做两个眼,活棋。

在图 3-78 右边,白棋先走,白 1 破眼,阻止黑棋做两个眼,黑棋死棋。因此,中间这处是双方争夺的要点。

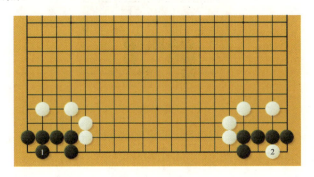

图 3-78

曲三:如图 3-79 左边,黑棋被包围,围成曲形大眼,称为"曲三"。若白棋 a 位点,则黑棋死。如黑棋先走,走 a 位则可以做成两个眼而活棋。

丁四:如图 3-79 右边,白棋围的大眼形似"丁"字,称为"丁四"。若黑棋 a 位点,白棋死。如果白棋走在 a 位,则一手棋做出三个眼,成为活棋。

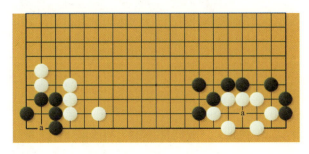

图 3-79

刀把五：如图 3-80 所示，黑棋围住的棋形称为"刀把五"。

如图 3-81 所示，黑 1 在刀把处做眼，成为活棋。

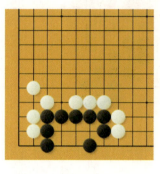
图 3-80

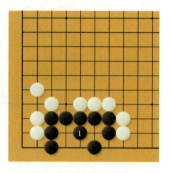
图 3-81

若白棋先走，如图 3-82 所示，白 1 破眼，也点在了刀把处，正中黑棋要害。黑 2 准备做眼，白 3 长，即便黑棋吃掉白 1、白 3 两个子，仍然是一个眼的死棋。

图 3-82

这四个棋形攻防的核心都是两个眼，做眼和破眼都在一个要点上，充分体现了围棋中的"敌之要点，我之要点"。

练 习 题

第一题，黑棋先下

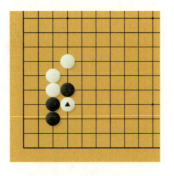

第二题，黑棋先下

第三题，黑棋先下

第四题，黑棋先下

第五题，黑棋先下

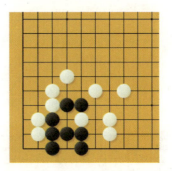

第六题，黑棋先下

练习题答案

第四章

布局基本知识

第一节 占 角

纹枰坐对，黑棋先下，拿着棋子第一手棋该下在哪里呢？从围棋规则上讲，只要有气，下在哪里都可以。但是对局的目的是获胜，围棋的胜负判断很简单，谁占的地盘多谁就胜。所以，第一手棋应该下在最利于围空的位置。中国古人早有要按照"金角银边草肚皮"的顺序下棋的说法，也就是说，布局阶段应该首先占角，其次占边，最后向中腹发展。

一局棋分为布局、中盘和收官三大阶段。通常前50手棋可以称为布局。

如图4-1所示，三个棋形围的空都是九目（一个交叉点为一目），但所用的棋子数目却不一样。角上的棋形用了7个子，边上的棋形用了11个子，中腹的棋形用了16个子。同样都是围了九目空的棋形，角空用子最少，边空次之，中腹围空用子最多。所以角上最容易围空，其次是边上。因此，有"金角银边草肚皮"的说法。

一、占角的选点

第一手棋占角，要确定这个大方向，初学者有四个具体位置可以选择。

星位：指角上的那一颗星，棋盘上共有四个"星位"，如图4-2中的黑1。星位的特点是位置较高，适宜向两边发展，不足之处是角上比较空虚。

三三：指横线第三路和竖线第三路的交叉点，如图4-2中的白2，三三侧重于围角空。

图 4-1   图 4-2

小目：指横线第三路和竖线第四路的交叉点或者横线第四路和竖线第三路的交叉点，如图 4-2 中的黑 3、白 4 都是小目，每个角共有两个小目。

二、占角的几种组合

棋盘四个角，每人占两个。两个角，可以组合成不同的布局形式，比较常见的有以下 6 种组合。

1. 三连星

如图 4-3 所示，黑 1、黑 3、黑 5 组成的是三连星布局，白 2、白 4 组成的是二连星布局。三连星比较好找到位置，初学者特别喜欢用，其本身也是一个经久不衰的流行布局。

2. 中国流

如图 4-4 所示，黑 1、黑 3、黑 5 组成的是中国流布局（又称为高中国流），若黑 5 走在 a 位则为低中国流。

注意：要走出中国流布局，第一手棋必须占星位。

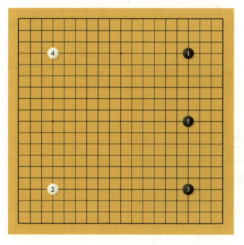

图 4-3

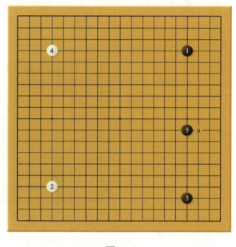

图 4-4

3. 对小目

如图 4-5 所示，黑 1 占小目，和右角黑子在一条直线上，两个小目好像眼对眼，称为对小目。

4. 错小目

图 4-5 中，若黑 1 在 a 位占小目，和右角黑子不在一条直线上，称为错小目。

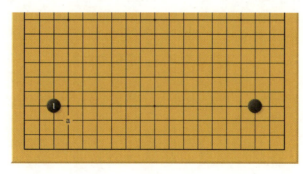

图 4-5

5. 星、三三

如图 4-6 所示，黑 1、黑 3 走出的是星、三三布局。如果黑 1 走在 a 位，占据两个三三，也是一种布局方式。

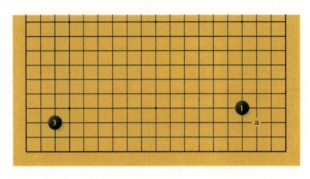

图 4-6

6. 星小目

如图 4-7 所示，黑 1、黑 3 走出的是星小目布局。近几年，星小目布局在职业高手比赛中出现的频率特别高。

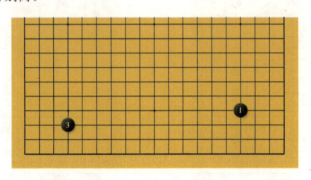

图 4-7

三、角上的攻守方法

角是金角，必然会引发双方的争夺。在角上的防守称为"守角"，在角上的攻击则称为"挂角"。守角和挂角主要使用飞或者跳的着法。

1. 守角

一个棋子占据空角后，为了加强和扩大角地，于其附近再下一子，称为"守角"。

①星位小飞守角：如图 4-8 所示，这是对局中常见的守角形式，以后有机会可在 a 位小尖，此棋形角空稳固。

注意：守角的小飞在三、六路线的交叉点。星位两边各有一个小飞守角，可以根据局面选择。

②星位大飞守角：如图 4-9 所示，这也是一种常见的守角形式，以后有机会黑棋在 a 位立（称为"立玉柱"），可以确保角空。

③无忧角：图 4-10 就是小目小飞守角，因此棋形稳固坚实而得名"无忧角"。

④小目小跳守角：如图 4-11 中的黑 1。

⑤三三大飞守角：如图 4-12 所示，由于三三本身位置偏低，大飞守角时应向四路线飞。

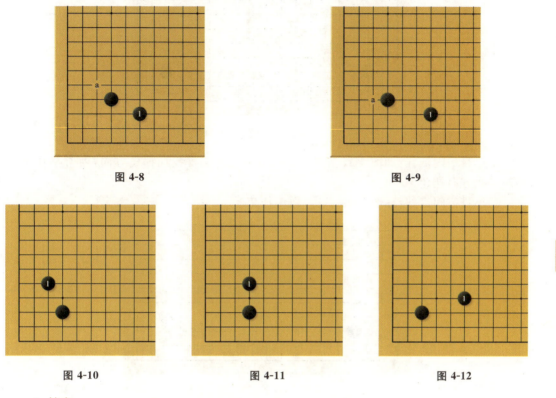

图 4-8　　　　　　　　图 4-9

图 4-10　　　　图 4-11　　　　图 4-12

2. 挂角

在对方有一子占角的情况下，为了侵消和限制此角的发展，于其附近位置走一子，称为"挂角"。

依据围棋"敌之要点，我之要点"的思路，对方守角的位置就是己方挂角的位置。常见挂角的方法如下：

①星位小飞挂角：如图 4-13 左边，星位以小飞挂角居多，白 1 小飞挂角。

②星位大飞挂角：如图 4-13 右边，星位也可以走大飞挂角，白 1 大飞挂角。

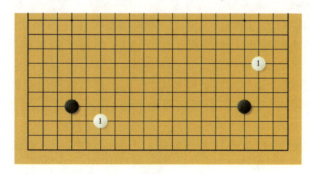

图 4-13

③三三尖冲挂角：如图 4-14 左边，白 1 尖冲挂角，这是针对黑棋三三位置偏低，继续将黑棋压制在角上。

④三三大飞挂角：如图 4-14 右边，白 1 大飞挂角。

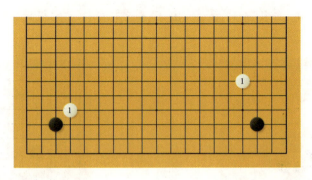

图 4-14

⑤小目一间低挂：如图 4-15 左边，白 1 小目挂角需要找准挂角方向，通常是往小目的四路线方向挂角。

⑥小目一间高挂：如图 4-15 右边，白 1 挂角。

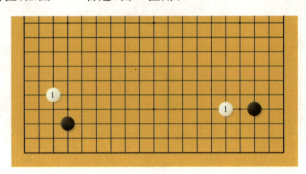

图 4-15

第二节　占边的原则

占据了金角，就要向银边发展。在边上走棋，有一些原则可以遵循，一般来说应下在三路线或四路线（从棋盘外围的第一条边线数起）。因为布局时棋子下在一路线、二路线的话位置太低，棋子的效率不高。而棋子下在五路线、六路线位置又太高，对边空的控制不足。三路线和四路线在未来发展的重点上有一些区别。三路线又称为"地线"，棋子下在三路线有利于占领实地。四路线又称为"势线"，棋子下在四路线有利于取得外势，对中腹进行控制（在占角的选点上也体现了这一点）。但棋子如果都下在三路线，位置偏低，不利于以后的发展；而只占四路线又不够坚实。因此，占边要注意把握好棋子之间的高低和距离这两个问题。最好的高低配置是"形成山形"，最佳的距离是"阔不可太疏，密不可太促"。这是 900 多年前宋朝的围棋理论书籍《棋经十三篇》总结出来的棋理，今天依然可以指导我们。

综上，占边的原则是三、四路线高低配合。下面一些布局示例，就体现了占边的这个原则。

一、棋子的远近距离

1. 一子拆二

如图 4-16 所示，黑子（带"△"符号）比较孤单，黑 1 隔两路走一子以增加援兵，也就是大跳,即"一子拆二"。这样的间距,首先保证黑棋两子的联络,还可以满足黑棋将来做两个眼的空间,是基本安定的棋形。

如果黑1选择在a位小跳拆一,则棋形局促,不太令人满意。如果黑1在b位拆三,又有打入的弱点,也不令人满意。

如图4-17所示,两个黑子(带"△"符号)在一条直线上看作一子,黑1拆二,符合"一子拆二"的原则。

图 4-16

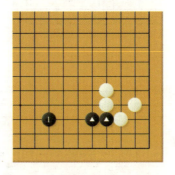

图 4-17

2. 立二拆三

如图4-18所示,两个黑子(带"△"符号)在两条横线上,面向外即是"立二",黑1间隔三路拆边,形成"立二拆三"。黑棋拆三,不仅棋形安定,围出的边空也更多。如果白棋在a位打入试图分断黑棋的联络,黑棋在b位压,白棋讨不到便宜。

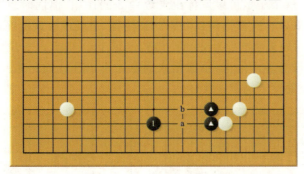

图 4-18

3. 立三拆四

如图4-19所示,黑棋三子属于"立三",立三比立二又强大一些,黑1因此可以隔四路拆边,黑棋控制的边空范围扩大,充分发挥立三的威力。

如图4-20所示,对于白2的打入,黑棋早有准备,黑3小尖封住白棋,白4长,黑5扳,白6扳,黑7断,白棋两子(白2、白4)凶多吉少,打入不成立。

如图4-21所示,黑白双方各有一个无忧角。现在黑棋先走,边空很空旷,看上去有很多点可以下。对于a、b、c三个选点,大家选哪一个?

如图4-22所示,黑1抢占了两角之间最好的大场,到黑3小跳,此棋形效率很高,既围有边空,又可以向中腹发展,形成围棋最理想的棋形——立体空。白2也不失为一个大场,但如果再于a位小跳,所形成的立体空同黑棋相比,空间明显小些。

"大场"是围棋术语,指能围大空的位置。

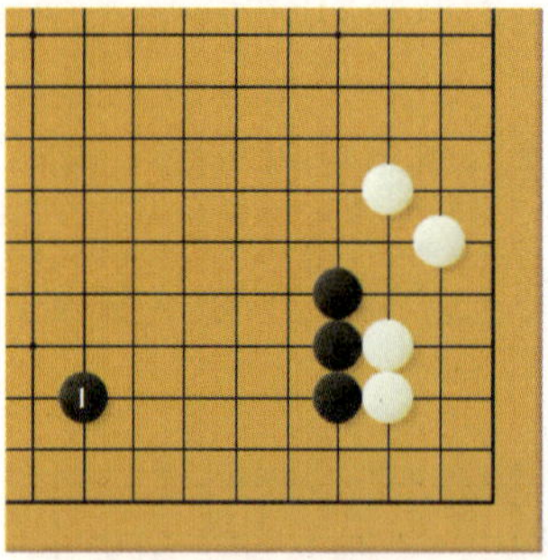

图 4-19

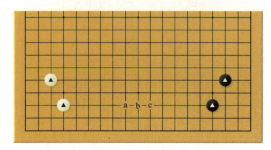

图 4-21

图 4-20

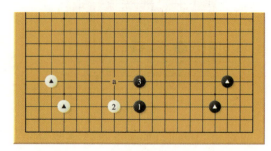

图 4-22

再看看其他选点。如图 4-23 所示，黑棋如果贪多，拆得再远一路，走黑 1，白 2 就有了打入的机会，黑 1 这个子虽可以发挥出夹攻白 2 的作用，但同时也被白棋夹攻。之后双方一子拆二以求安定。此棋形黑棋并未讨到便宜，也就没有显出优势。

如图 4-24 所示，如果黑棋胆小，少拆一路，走黑 1，白棋走白 2 位，双方各拆四路，平分秋色，黑棋先走，没有多占地盘，不能令人满意。所以开拆的距离要适当，太宽容易被对方打入，太密又不能令人满意。

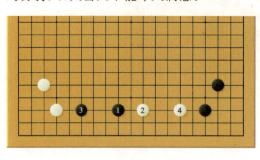

图 4-23

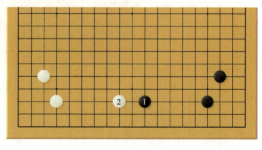

图 4-24

二、棋子的高低配合

布局时棋子多走在三路线和四路线，三路线位置偏低利于取地，四路线位置偏高利于取势。为了使布局结构稳定，棋形舒展，棋子最好在三、四路线进行高低配合。

如图 4-25 这个棋形，黑 5 按定式走了一子拆二，虽没有大错，但是一条边上这么多黑子都处在二、三路线，又扁又平，空间发展不充分。

如图 4-26 所示，黑 5 是好棋，其小飞可以抬高下边黑棋整体的位置，这样看二、三、四路线的高低配合，较之图 4-25 的棋形更生动，围空也更多一些。

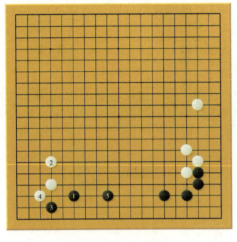
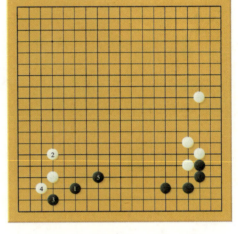

图 4-25　　　　　　　　　　　图 4-26

如图 4-27 所示，棋盘的下边是双方争夺的要点，都有拆边的空间。黑棋先走，黑 1 拆，一子两用，好棋。首先黑 1 和角上两子配合，山形围空，同时有力地攻击三个白子（带 "▲"符号），很积极的一手棋。

如图 4-28 所示，白棋先走，白 1 拆边逼近黑棋，黑棋角上两子有点不安，要补棋。黑、白双方在这里都会选择走出两边高中间低的山形，利于围空。

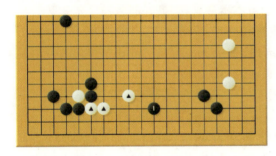

图 4-27　　　　　　　　　　　图 4-28

如图 4-29 所示，这是一个全局的示例，先分析一下黑白各自的实力，白棋左下连边带角有好大一片势力，下方黑棋有一道厚势，黑棋应该如何利用厚势，发展大模样？（大模样是围棋术语，指大的势力范围，有形成己方地盘的潜力。）

如图 4-30 所示，黑 1 拆，逼白二子，严厉。白棋只好跳，走白 2，防止黑棋 a 位打入，黑 3 占据上边的好点，黑棋形势扩大，对白棋上边三子亦有逼迫之意。黑棋利用厚势威力，迫使白棋补棋，再以小目小跳守角为基础，走出黑 1、黑 3 两手棋，形成"两翼张开"的局面，未来发展有利。

布局阶段，依据金角，扩展银边，给后面的中盘打好基础。拆边是布局时的常用手段之一，首先考虑最大限度地扩大己方地盘，同时也要考虑己方棋子之间保持必要的联络。棋子做到远近适宜，高低配合，效率就比较高。一子拆二、立二拆三、立三拆四、立体空、山形空、两翼张开，都是好棋形，好的棋形都是实用的，都有利于围空和掌握棋局的主动权。

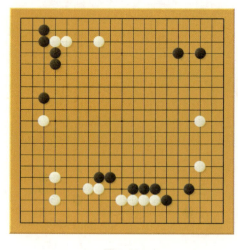
图 4-29

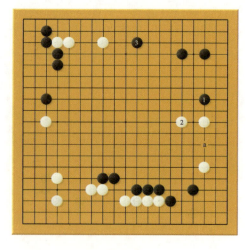
图 4-30

第三节 定　　式

定式是角上的攻防，由挂角引起。挂角是进攻性很强的着法，直接导致黑白双方短兵相接。定式就是双方在角上的局部战争，经过历代名手长期实践和验证，确定为利益大体均等且双方都可以接受的走法。定式是学习围棋最直接、最好的途径。定式数目庞大，广为流传。本节选择几个基础的常用定式进行介绍。

定式根据占角的位置不同，可分为星位定式、小目定式和三三定式。挂角的目的是攻击角，占角一方通常有两种方法应对：①守角；②夹攻。

一、星位定式

1. 星位尖顶定式

如图 4-31 所示，黑棋星位占角，白棋通常走白 1 小飞挂角。定式中的每一手棋都有非常明显的意图，白棋小飞挂角，就是对黑角发起进攻，黑 2 小尖（称为尖顶），目的很明确，即关上门守住角空。白 3 长增援孤兵，黑 4 小飞守角，同时开始向边上发展。白 5 立二拆三建立根据地，寻求安定。这个定式中，黑白双方每一步棋都有明显的意图，每一步棋都体现了围棋对围空的追求，黑棋得到角空，白棋得到边空。

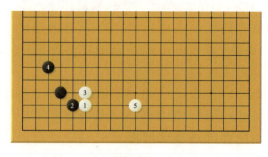
图 4-31

2. 星位小跳守角定式

如图 4-32 所示，白棋小飞挂角，走白 1，黑棋除了守角外还有一种选择——侧重发展边上，黑 2 小跳发展边上，白 3 小飞进角，贯彻侵消角空的意图，黑 4 小尖守角，不给白棋机会，白 5 一子拆二寻求安定，黑 6 拆边继续发展边上。至此，星位小跳守角定式告一段落，看似黑棋得到的地盘（黑棋围的空）多，白棋得到的地盘（白棋围的空）少，但是双方都可以接受。因为首先这是黑棋的角，是黑棋的势力范围，白棋在黑棋的势力范围能走出安定的棋形，已令人满意；其次这个局面黑棋多花一手棋，就会多付出一些代价。

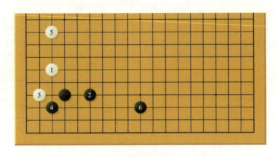

图 4-32

3. 点三三定式

如图 4-33 所示，白 1 点三三，直接取得角空，黑 2 挡，白 3 长，黑 4 扳，严厉，白 5 扳，寻求在角上活棋，至白 9 扳、白 11 粘，白棋取得角空。黑 12 虎，黑棋外势雄厚。这是一个典型的"场合定式"。通常黑棋在棋盘的下边有其他黑子配合，可以形成大模样。

如图 4-34 所示，面对白 1 的挂角，黑棋还可以选择夹攻的走法（黑 2 位）。白 3 点三三进角，黑 4 挡，白 5 长，黑 6 长，白 7 立下补断，黑 8 小飞封住白棋，并和边上黑子（带"△"符号）配合形成大模样。这个定式在三连星布局中经常出现。

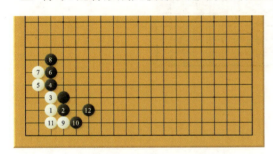

图 4-33

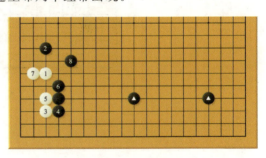

图 4-34

三个星位定式的着法都比较平和，运用飞和跳、尖和长的着法，每一步棋的目的都很明确——围空，即你围你的，我围我的。这种走法和结果双方都能接受，这才固定下来，成为定式。初学定式，要注意每一手棋的顺序，顺序不能错。

二、小目定式

1. 小目托退定式

小目的位置在三、四路线的交叉点上，比起星位，控制角的范围小一点，但是更牢固。

如图 4-35 所示，白 1 小跳高挂，黑 2 托，黑棋的目的很明确，就是要守住角空，绝不割让。白 3 外扳，黑 4 退，两个子联络，共同守护角空。白棋产生一个断点，白 5 补断，白棋这三个子的棋形很坚实,称为"铁三角"。黑 6 小跳,向边上发展,同时扩大角空,白 7 立二拆三,在边上的发展也很充分。至此,黑棋获得角空,白棋边上也是安定又舒展的好棋形。双方取舍清楚,都很满意,这就是"小目托退定式"。

小目托退定式还有一个变化型,如图 4-36 所示,前四手棋与图 4-35 一样,也是小跳挂角、托、扳、退,但白 5 不粘,而用虎补断点,注意虎的位置是在四路线,不要虎到五路线,那就错了。用虎来补断,棋形比较生动,是常见下法,目的是当黑 6 小跳时,白 7 可以多拆一路。这个变化型和图 4-35 相比,其白棋多围一些地盘。

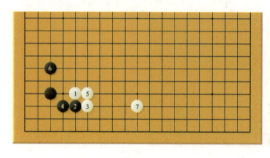

图 4-35

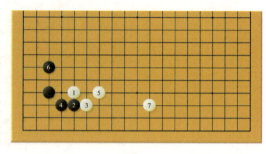

图 4-36

2. 二间高夹定式

如图 4-37 所示,白 1 低挂,黑 2 二间高夹,白 3 小尖,黑 4 小飞注重边上发展,白 5 进角寻求安定,黑 6 拆边,双方各有所得。之后白棋可以考虑在 a 位夹攻黑 2。

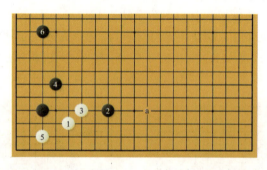

图 4-37

三、三三定式

1. 大飞挂定式

对三三发起攻击,就要找准它的缺点,三三的缺点是位置比较低,优点是角上的控制小而牢,所以没有人想破坏三三的空,但是可以选择继续压缩它,也可以选择从旁边挂角。

大飞挂定式是一个最简单的三三定式。如图 4-38 所示,白 1 大飞挂角,黑 2 在对称点走大飞应,这手棋在四路线可以修正三三的低位。白 3 在下边拆,黑 4 在左边拆,高低配合,形成山形。之后 a 位是双方势力发展的要点。

2. 肩冲定式

如图 4-39 所示,白 1 的肩冲,是针对三三位置较低的有利挂法,黑 2 长,白 3 长,黑 4、黑 6 两边飞,白 5、白 7 两个大跳,肩冲定式形成。双方的利益很明显,黑棋得角空,白棋得外势,各有所获。

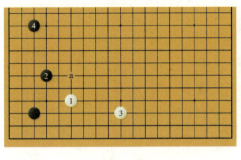

图 4-38

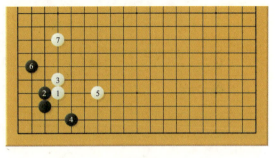

图 4-39

第四节　围空的方法

一、角上和边上的围空

围棋的胜负由所围地盘的多少决定，布局阶段要形成一个全局概念，那就是围空，下面介绍利用已有棋子，顺势而为设计出有利于己方发展的蓝图。布局阶段围空常用的主要着法是飞和跳，比如星位小飞守角、小目小飞守无忧角、小目小跳守角、三三大飞守角，围的是角空。挂角是对角发起攻击，挂角及相关定式也会用到飞和跳的着法，围的是边空。

如图 4-40 所示，黑角是小目。白 1 小飞挂角，黑 2 小尖，白 3 小飞，黑 4、白 5 都是隔三路线拆边，这五手棋是小目小飞挂角的一个定式。棋子在三、四路线高低配合，围的是边空。

如图 4-41 所示，右角是一个小目定式，现在该白棋下，目前还看不出来白棋在下边的形势如何，白棋可以通过巧妙的设计在下边围出空。

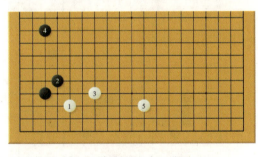

图 4-40

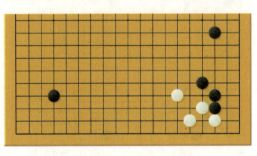

图 4-41

如图 4-42 所示，白 1 挂角，黑 2 小跳守角，白 3 大飞回头和右角连片，看起来也不错，下面的白空已经形成。但是这个局面给了黑棋一步好棋——黑 4 小飞，首先黑棋的边空得到扩张，其次白棋向上发展的空间被阻拦，之后黑棋还可以在 a 位打入，白棋不能满意。

如图 4-43 所示，白 1 挂角，在黑 2 守角以后，白棋不急于连片，先动手压缩黑棋。白 3 小飞，好棋，为什么呢？因为白棋有严厉的下一手，可以走 4 位（黑 4 位）将黑棋分断。黑 4 只好小跳与己方保持联络，同时保住边空。白 5 再大飞，只凭白 1、白 3、白 5 寥寥数子，一个充满活力的边空就出现了，之后还可以继续向中腹发展。这里白 3 的飞压是关键，它迫使黑 4 补棋，提高了白棋的位置。这 5 手棋黑白双方围空用的着法都是飞和跳。

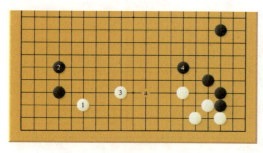
图 4-42

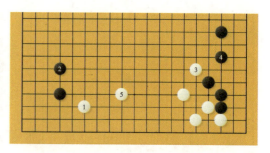
图 4-43

二、中腹大模样的构建

围棋的棋形比较直观形象,就算不懂后续走法,看看棋盘上棋子的多少和形态,也能大致判断局面的强弱。

如图 4-44 所示,先分析局面,黑棋右下角是一个小型两翼张开,左角有一道厚势,白棋下边是一子拆二的基本活型。但是在黑棋环伺之下,这两个子棋形还是比较薄弱。

现在黑棋走,怎么把右下角三个黑子的虚空走实?现有两个方案:①在虚空里走小尖(a 位),简单围空;②针对两白子棋形薄弱,攻击得势。可见,第二个方案更积极。

如图 4-45 所示,对两白子展开攻击,黑 1 小飞,白棋感受到压力,如果不应,黑棋会继续于 b 位飞压,两白子就是苦活的局面了。所以白 2 靠力争出头,黑 3 扳,强硬的拦截,白 4 长,保证活棋,黑 5 粘。黑 1、黑 3、黑 5 三个黑子组成的棋形称为"铁三角",是好棋形,黑棋的虚空得到强化,构成一个很有实力的模样。

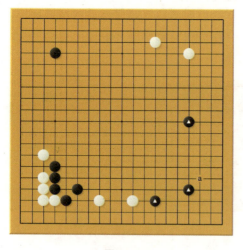
图 4-44

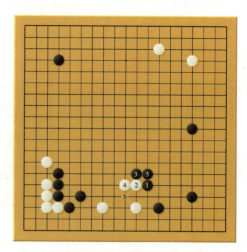
图 4-45

如图 4-46 所示,先分析局面,白棋左半盘有厚势,发展前景可观,有可能在中腹构成大模样。黑棋右边是三连星,现在黑棋先走,该如何扩大黑棋地盘、限制白棋呢?

如图 4-47 所示,黑 1 五路线大飞,很明显是扩张三连星,同时它还有严厉的下一手,即在 a 位的靠,把白棋分断开,并破坏其边空,威胁白子(带"▲"符号)。白 2 小跳被迫补棋,连接三角子,护住边空。黑 3 再一个小飞。局面形势的变化一目了然。黑 1、黑 3 走出了漂亮的步调,是妙手,压缩了中腹白地,和三连星配合,确立黑棋的大模样优势。

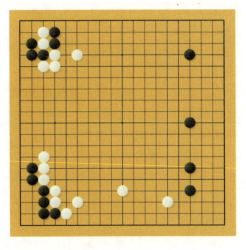
图 4-46

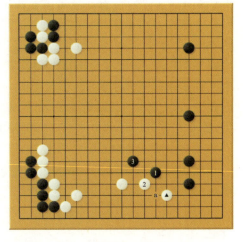
图 4-47

如图 4-48 所示，如果黑棋没有发现大飞的急所（急所是围棋术语，指某个局面中迫切要走的地方，对局势会产生重大影响），而在上边走黑 1 拆边扩大边空，那么白 2 大飞，提升白棋整体向上发展的空间，是敏锐的一手，白棋形成巨大模样，让黑棋感到头痛。之后才是双方形势消长的要点。

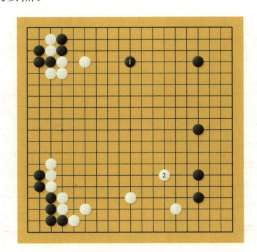
图 4-48

围棋中的"大模样"，是由己方的棋子组成的庞大但又比较松散的势力范围，有可能转化为实地，模样越大，可能转化的实地也就越多。大模样的出现，有两种情况：一是棋手在对局开始前已打定主意以大模样来开局，因此每一手棋都围绕这个主题进行；二是由于局面的变化，有成就大模样的机会，通过巧妙构思，顺势而成。

第五节　三连星布局

布局是一盘棋的框架，布局的构思对中盘的走势有很大的影响。就像建房子，房屋设计风格决定了房子模样。三连星容易定位，是初学者最喜欢的布局形式，它的特点是棋子都处在四路线，侧重于构筑外势，形成大模样。

如图4-49所示,三连星是由二连星发展出来的,黑1、黑3、黑5走出三连星,准备大模样作战。白棋采用星小目布局,白6小跳守角。棋盘下面的银边就变得很大,黑7占边,有三个作用:①扩张下面边角的势力;②和黑1、黑3、黑5配合形成四连星,继续贯彻大模样的构思;③限制白棋往下面发展。这是一步好棋。

到白棋的第8手棋了,棋盘空旷,有很多选择,可以守角、占边和挂角。现代围棋比较积极,占完角以后,通常会比较早发起进攻,因此白棋准备挂角,选择白8,有两个原因:①要在更宽广的地方下棋;②和左边白角呼应,可以在上面形成白棋的势力范围。

黑9小跳守角,白10一子拆二,既安定白8,又可以和白2配合占银边。

现在棋盘上只剩下一条大银边空着,黑11果断分投,这手棋的意图很明显,就是要破坏白棋连片,围棋术语称为"分投"。

白12点三三,这里可以用点三三定式,黑棋面临的问题是a位和b位选哪个挡合适。

如图4-50所示,黑13挡,这是必然,和右边的三连星配合。白14长,黑15扳,白16扳,黑17长,白18长,黑19长;白20扳,黑21挡,白22粘,黑23虎,从第12手棋到第23手棋是角上点三三的定式。从右下角的局部看,白棋得到角上的实地,黑棋如愿取得强大的外势,可以继续发挥三连星的威力。而白棋也显得非常自信,面对黑棋的四连星,不去破坏反而成全。白棋有自己的规划,它将用实地对抗黑棋大模样。

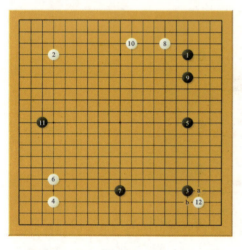

图 4-49

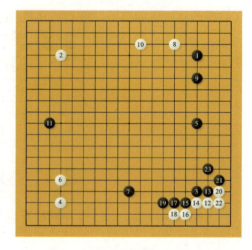

图 4-50

如图4-51所示,白24大飞逼近并攻击黑棋,同时加强和扩大了角空的面积,这也是一子两用,效率很高。黑25挂角,增援黑11这个在白棋边上的孤子。白26小跳守角,黑27向中腹小跳,重视中腹的发展。白28打入,黑29小尖封锁,白30守住角空,同时摆出准备联络白28的姿态。

走黑31,围棋术语称为"镇",是一手好棋,很明显是要继续经营中腹,黑31的镇形成气势宏伟的全局大模样。《棋经十三篇》有云:"高者在腹。"之后黑棋能让多少大模样转化为实地,将成为后续中盘的焦点。

这盘布局很好地演绎了三连星棋势广阔、意在中腹的特点。而白棋也不急不躁,拿着三个角空稳扎稳打。前31手棋,双方用小飞、大飞、小跳、大跳的着法比较多,棋形看起来比较舒展,黑白棋总体均匀分布在棋盘上,达到"你中有我,我中有你"。

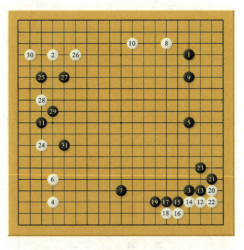

图 4-51

第六节　中国流布局

"中国流"是个响亮的名字,始于 20 世纪 60 年代,至今流行了 50 多年,生命力十分旺盛。黑棋一个星位、一个小目加边上一子组成中国流布局,其特点是"快速高效,势地均衡"。它和三连星布局差不多,都是三个子连成一条边。两者区别是中国流布局有一个角占的是小目,小目对角地的控制更好一点,和星位配合,称为"势地均衡",是一种布局的取向。

如图 4-52 所示,黑棋中国流布局,白棋星小目布局,白 6 小飞守无忧角,和前面的三连星布局差不多。这时黑 7 两翼张开,是棋盘上的好点。白 8 在宽广处挂角,接着双方走的是小飞进角的定式,特别之处是白 12,基础定式应该走在三路线大跳,此处走在四路线小飞,这是星位定式的一个常见变化型,通常边上会有己方棋子配合。

如图 4-53 所示,黑 13 也挂角,白 14 小飞守角,再次走出星位定式,白 12 和白 14 形

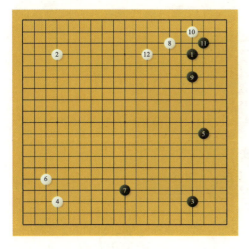

图 4-52

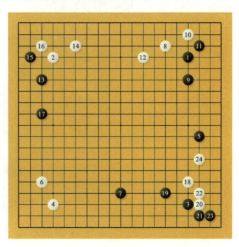

图 4-53

成高低配合。目前黑棋有宏大的中国流和两翼张开,白棋必须进去破坏,只有右下角还空着,白18一间高挂,是中国流小目最常见的挂角方法。黑19小飞攻击,白棋孤身一人闯入敌阵,目前最大的诉求就是能做活。白20托进角,扩大生存空间。黑21扳,白22退,黑23立占领角空,同时威胁白棋。白24小飞非常必要,在有限的空间里为自己争取能做出两个眼的活棋。

如图4-54所示,黑25继续攻击,白26小跳出头,黑27冲,白28挡,黑29刺,想要分断白棋。白30二路线托,依然是尽量为自己挤出地盘。到白34围出了足够做眼的地盘。能在黑棋的大模样里安然活一片棋,白棋也算满足了。白18至白34的走法是中国流布局的常见变化型,可以看作一个定式。黑35围的边空,符合高低配合、形成山形的围棋美学要求。至此,黑棋得到了下方和右方的边空,中国流布局成功。

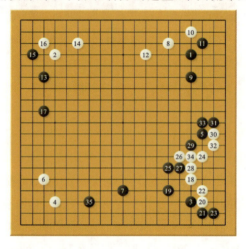

图 4-54

中国流布局由以陈祖德九段棋手为首的中国棋手们研究并广泛使用而流行起来的,中国流布局的产生是一个重要事件,是中国围棋在新布局中第一次展现出敏锐的创新能力,是中国新一代棋手开始挑战日本棋手的标志。为了纪念中国流布局的诞生,中国邮政在1993年专门发行了两枚围棋邮票,如图4-55所示。

图 4-55

练 习 题

第一题，黑棋先下，走出无忧角

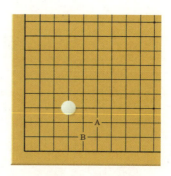

第二题，黑棋先下，挂角

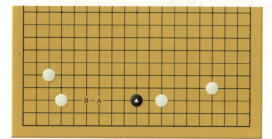

第三题，黑棋先下，拆边

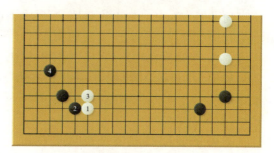

第四题，白棋先下，拆边

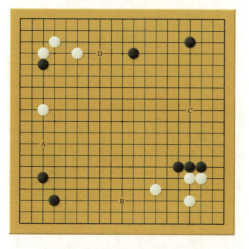

第五题，黑棋先下，选择最佳走法

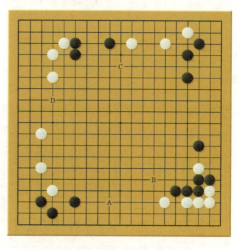

第六题，黑棋先下，选择最佳走法

练习题答案

第五章

中盘战术

第一节 打入边空

中盘是一局棋斗争最激烈的阶段,这时棋盘上的棋子越来越多,局势越来越混乱,虚空也渐渐转为实空。为了争夺地盘,棋手不仅要考虑自己围空,还要出手破坏对方的空。棋手在中盘阶段要形成一个全局概念——破空,打入是破空的一种手段。打入,是孤兵深入,每一步都要深思熟虑,周密计算,避免一招不慎,让局面被动。

如图 5-1 所示,白棋先走,黑棋在右边竖起了一道墙,称为厚势。黑棋在下面眼看就要形成巨大边空了,白棋这时要及时打入,打入下面的选点也比较多。对于 a、b、c 三个选点,选哪个好?

下面分析 a、b、c 这三个选点的利弊。

如图 5-2 所示,白 1 选 a 位打入,黑 2 从右边开拆攻击白棋,同时利用厚势围空,间隔距离有四路。白 3 向左边开拆,只间隔一路小跳。黑 4 尖顶,白 5 长立二拆一,白棋局促。

黑 6 小跳守角正常。白 7 小跳向中腹出头,黑 8 再走一个小跳围空。这个局面,黑棋左边的角和右边大半个边空都围上了,非常满意,白棋棋形狭小局促,所以从 a 位打入不好。

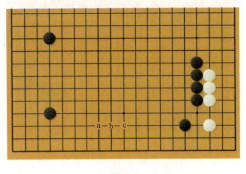

图 5-1

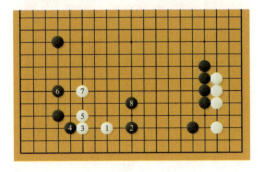

图 5-2

如图 5-3 所示,白 1 打入的位置(b 位)非常恰当,两边都留有一子拆二的余地,可谓左右逢源。黑 2 从边上攻击,白 3 挂角,走星位尖顶定式,立二拆二也可以满意。

如果黑 2 选择从角上 a 位拆逼白 1,白棋向右边拆二,离黑棋厚势间隔两路,相对而言更安全一些。所以图 5-1 中 b 位这个选点比较好,两边都好行棋。

如图 5-4 所示,白 1 从 c 位打入,两边也都有一子拆二的余地。c 位离黑棋厚势最近,厚势的威力要在攻击中体现,黑2从角上逼迫白棋,白3只好向黑棋厚势移动。虽然也是拆二,离黑棋厚势只间隔一路,在这道黑色铁墙的映衬下,白棋还是有点惶恐。之后黑4小飞继续威胁。面对白1,只要黑棋选择了正确的攻击方向,白棋就不好处理,所以白棋从c位打入不好。

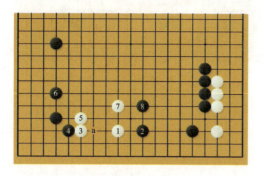

图5-3

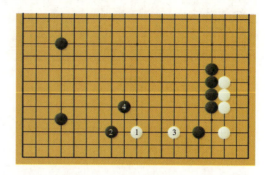

图5-4

这个示例中,白棋可打入的三个选点a、b、c,看似都差不多,但是仔细研究就会发现不同,白棋后续的生存空间还是有区别的,通过分析发现白棋从b位打入最好。

如图5-5所示,白棋先走,黑棋右角是一个星位小飞挂定式。下边全部成为黑棋实地的话非常大,故白棋要考虑打入。以中间黑子为准,左右两边,打入哪一边呢?左边间隔三路,右边间隔四路。为了令打入的棋子更安全,避实就虚,把棋子走在宽阔的地方,选择打入右边。右边又有a、b两个选点,选哪个打入好呢?

如图5-6所示,还是遵循避实就虚的原则,右角三个黑子比较坚实,离它们远点好,故白1(a位)是绝好的打入。若黑2小跳,白3小跳出头,白棋逃跑比较轻松。

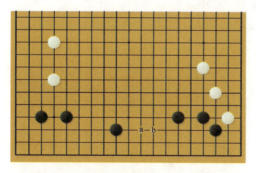

图5-5

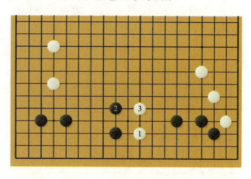

图5-6

如图5-7所示,黑棋先走,白棋下边虽然不是很大,但是有一个明显的打入点。a、b上下两个点选择哪一个呢?如果黑棋走上面a位,白棋走b位下面托,白棋就连在一起了。

如图5-8所示,黑棋从b位打入,主要是发挥角上三三子的作用。黑1打入,白2上面盖压,黑3长,白4粘,黑5小飞回家,连接三三。白6也是联络。这样,黑棋不仅破坏白棋的部分边空,同时还扩张了自己角上的地盘,收获还是挺大的。

在中盘阶段,越早破空越有利。在对方布局阶段形成大边空,但还没有转化为实地的时候,要及时打入让其少围点,打入的时机宜早不宜迟。打入就是孤兵深入,有一定的危险性,要仔细选择合适的落点。

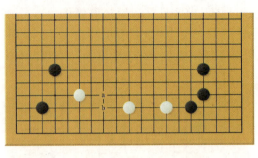

图 5-7　　　　　　　　　　　图 5-8

第二节　打入大模样

大模样是布局阶段布下的虚空，模样越大，可能产生的实地也越多。随着棋子增多，待虚空转成实空，再打入就很难活棋了。所以要乘虚而入，尽早打入。当然，在敌方阵营里行棋，是腹背受敌，稍有闪失可能就会导致提早结束对局。所以要仔细推算，寻找最有利的落子点。

如图 5-9 所示，黑棋是三连星布局，白棋是错小目布局，左下角白棋小目，黑棋小跳挂角，双方走出托退定式，让黑棋形成四连星。现在黑 1 大跳，如同走上高山之巅，远眺黑阵，呈现出一个超级大模样。此时，白棋必须考虑打入。

黑棋右下角是星位，白棋两边都可以走小飞挂角，两个挂角的后续走法也相同。

如图 5-10 所示，白 2 挂角，黑 3 一定会尖顶攻击，不让它进角，白 4 长，黑 5 小跳守角。按照尖顶定式，白棋应该立二拆三，但是这里没有拆三的距离，白棋不能死守定式。白 6 只能拆一，在对方的势力范围内有拆一也不错，至少有做一个眼的空间。黑 7 继续攻击，白 8 大飞，轻盈地逃向中腹，至此白 2 挂角打入成功。黑棋的大模样被部分消减，但其下边还很大。这个走法，双方都可以接受。

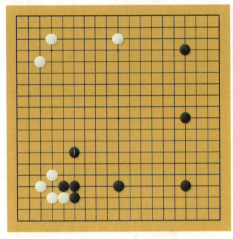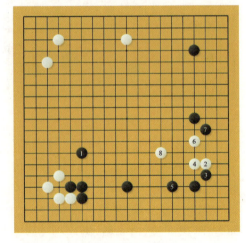

图 5-9　　　　　　　　　　　图 5-10

如图 5-11 所示，黑棋是三连星布局，白棋在右下方有一道厚势，底气十足，白 1 霸气地走在黑棋上方小跳的位置，称为"镇"，是扩张模样的好点。白棋大概要卷走二分之一的地盘，现在黑棋一定要有破空的清醒意识和坚定勇气。那么白棋左右两边，打入哪边好呢？

如图 5-12 所示，黑 2 从白子较少的一边打入，方向正确，避实就虚，这样才容易做活或逃跑。白 3 立，护住右边大本营，黑 4 拆一，这个拆一很必要，不能嫌小。白 5 守住角空，黑 6 跳向中腹。白 7 追击同时也围空，黑 8 再小跳，有种要一路小跑回家的感觉，成功地阻止了白棋超级模样的发展。

白棋的应对也不错，白 3 立和白 5 挡，先保住自己的基本盘，之后再和黑棋周旋，比较冷静。这局棋黑棋重在破空，白棋重在围空，谁都没有偏离主旋律。

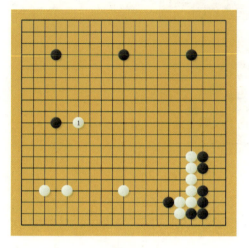

图 5-11　　　　　　　　　　图 5-12

如图 5-13 所示，这盘棋棋子增多，局面有点复杂，下边是黑棋大模样的增长点，黑 1 镇，好棋，如果围出大空，肯定占优势。白棋只有选择打入才能维持住整个局面的平衡。白棋左边打入，对于四路线 a 位和三路线 b 位，该如何选择？

如图 5-14 所示，白 2 从三路线 b 位打入，位置太低，下边空间狭窄，黑棋子多力量大，黑 3 立，冷静的一手。白 4 小跳，黑 5 强硬镇头拦住去路，攻击的是急所。之后白棋两个子（白 2、白 4）的出逃或者挣扎求活都很艰难。

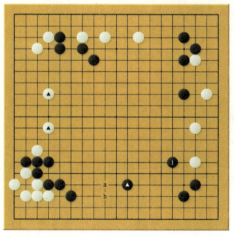 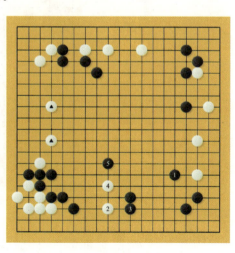

图 5-13　　　　　　　　　　图 5-14

如图 5-15 所示，白 2 从四路线 a 位打入是正确的，从三路线改到四路线，虽然只抬高了一路，但是面对黑 3 的飞攻，白 4 可以轻盈地飞出，向两个白子（带"▲"符号）靠拢。

有时候一路之差对后续的影响还是挺大的。这就是围棋《十诀》中所说的"动须相应"的道理。它指下棋要有全局观,棋子之间互相影响,彼此照应配合。

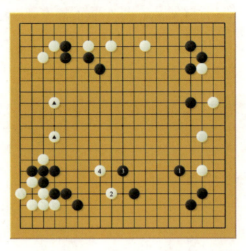

图 5-15

第三节 打入——分断

打入还能起到分断的作用。当对方的棋形单薄,棋子之间的距离过宽时,可以通过打入将其割裂,分而攻之。

如图 5-16 所示,黑棋星小目布局,白棋二连星布局。黑棋不希望白棋走出三连星布局时,第 5 手棋可以选择走在对方的两角之间(黑 1),称为"分投",不让白棋连片形成大模样。也算是最早的一手打入吧。

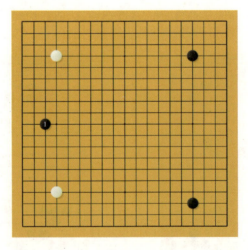

图 5-16

如图 5-17 所示,黑棋先走,下边两白子同样距离太宽,黑棋打入很严厉,这两个白子有可能会被吃掉一个。黑棋是选择 a 位还是 b 位打入好呢?

如图 5-18 所示,黑 1 从 a 位打入更好,原因在于黑棋右角棋形是向中腹发展,如果得手,围的地盘会更大。黑棋看似攻击左边白子,最终图谋的是右边白子(带"▲"符号),这是声东击西的战术。

白2如果靠，黑3退，不给白棋任何借用。白4退，黑5小尖。白子（带"▲"符号）性命堪忧。

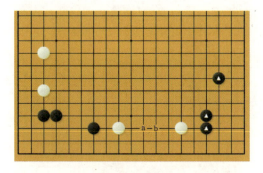

图 5-17

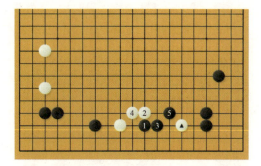

图 5-18

如图5-19所示，白棋若一子都不想舍弃，两边都想跑，先走白2小飞，逃向中央，黑3跳，白4向左边逃跑，黑5继续跳出，静观白棋两边去向，白6想威胁黑棋右下角，黑7左边出手，白8连忙出头，黑9回头应对右角，白10补棋，黑11再次跳出，始终占据制高点。白棋两块棋同时要逃，左支右绌，实在难以两全，之后是黑棋好下的局面。

如图5-20所示，现在白棋的边空有缺陷，小飞挂角定式没走完，如果在a位补一手，棋形就坚固了。缺了这手，黑棋自然就要乘虚而入，实施打击了。

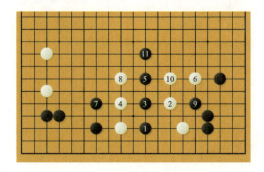

图 5-19

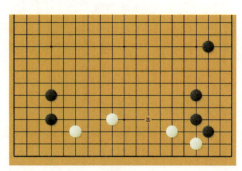

图 5-20

如图5-21所示，黑1打入，白2、白4逃出，黑3、黑5追击，然后黑7转身尖顶，收割角空。白棋被左右分隔，两边受攻。黑棋先破空，再趁机围角空，黑1、黑3、黑5这几个子最差的局面也是和白棋对跑，下边局部黑棋满意。

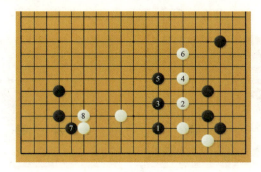

图 5-21

如图 5-22 的这局棋中,白棋下边拆四,距离比较宽,暴露出明显的打入点。

如图 5-23 所示,黑 1 及时打入,是好棋,白 2 尖,黑 3 顶继续发力,强硬。白 4 小跳,黑 5 小跳,白 6 压,黑棋不管,黑 7 虎,是好棋。白 8 扳、黑 9 立之后,白棋面临在 a 位断和 b 位飞压的两难困境,a 位和 b 位黑棋必得其一。白棋一手棋补不好两处窟窿,局面被动。

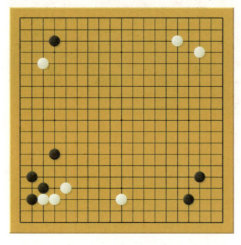

图 5-22　　　　　　　　　　图 5-23

对局时,要时刻观察棋形,只要对方露出破绽,就要抓住机会进行打击。打入起到分断作用时,要考虑的依然是距离和高低的问题。打入会立刻引起双方冲突,激烈的中盘战争必然形成。打入选点的原则是避实就虚,才能更好地保全自己。

第四节　孤兵求活

单兵孤子,如果周围有一定的空间,尽可能运用飞和跳的着法,围出一定的空间,创造做眼的条件。宋代《棋经十三篇》云:"彼众我寡,先谋其生。"明确做活是处理孤棋的最好手段。

如图 5-24 所示,黑棋逼近白子(带"▲"符号),白棋面临两种选择:在 a 位拆二建立根据地或者在 b 位小跳外逃。

如图 5-25 所示,白 1 在 a 位拆二建立根据地,是好棋,拆二的棋形虽然薄弱,但已为今后做眼准备了空间,属于基本安定型。若选择 b 位出逃,黑棋会在 a 位再拆逼,白棋没有眼位,仍是孤棋一块,前途堪忧。因此,能够做活的棋,首先做活。

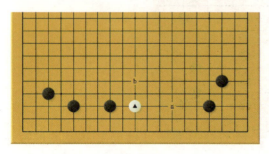 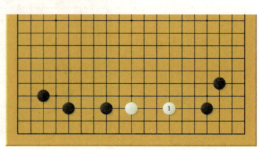

图 5-24　　　　　　　　　　图 5-25

如图 5-26 的这个棋形，黑 1 勇敢地打入白棋巨阵中，是急所。白 2 小尖进攻。黑棋该如何处理好这个孤子呢？

左边白棋是一道铁墙，仔细观察，它有两个断点，黑 3 夹是早已准备好的手筋，如图 5-27 所示。白子（带"▲"符号）上、下有两个断点，该粘哪一个呢？

第一种情况，白 4 粘上面，黑 5 下立，白 6 粘补断，黑 7 飞出，白 8 封头，黑 9 小跳整形，白 10 封锁，黑 11 小尖准备联络，白 12 挡住，黑 13 虎是做眼的要点。现在，黑棋两个眼位明显，成功做活，白棋铁墙厚势变成一层皮，没有发挥作用。

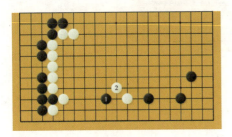

图 5-26

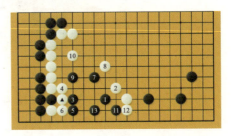

图 5-27

第二种情况，白 4 粘在白子（带"▲"符号）下面的断点上，如图 5-28 所示，则黑 5 上面小跳，白 6 粘补断，黑 9 再觑着白棋的断点，白 10 只好补断，黑 11 果断跳出，下面有眼位，上面能出头，从容应对。白棋明明有一道厚势，三下两下倒被黑棋分断成了两块孤棋，好惨。还不如按图 5-27 让黑棋活棋。

所以，黑 3 的夹是立功的一手棋，它利用了白棋的两个断点。

如图 5-29 所示，这个棋形中，黑子（带"△"符号）完全被封锁，如果被吃掉，白棋实地太大了。必须要拯救这个黑子，采用什么手段呢？

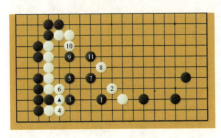

图 5-28

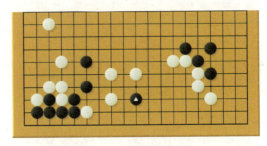

图 5-29

如图 5-30 所示，黑 1 托，好棋，看似要和角上的子联络。白 2 退阻断。黑 3 转身一子拆二，黑棋左边挤一挤，右边撑一撑，做眼的空间已经出来了。

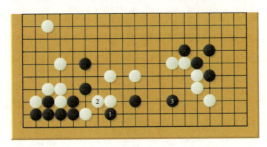

图 5-30

面对黑1,白棋能不能强硬地扳下来?如图5-31所示,白2扳,黑3断,白4打吃,黑5反打吃,从上面联络。所以当黑1托的时候,白2只有退。

黑1托是立功的一手棋,它利用了边上有渡过的机会。

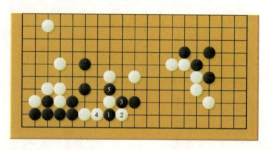

图 5-31

如图5-32所示,这盘棋左边黑棋和右边白棋都有围出大模样的基础,现在该黑棋走,黑棋决定从下边打入,先下手为强。

如图5-33所示,遵循避实就虚的原则,黑1打入,破坏白棋模样,同时分断白棋联络,还有夹攻白子的作用,一子三用。白2小跳加强以后,黑1就有点势单力薄了。白角是星位,比较空。黑3走在星位的下面,称为托。白4扳,守住角空,黑5退,白6立,还是护角,黑7拐,白8必然长,以免黑棋在此处打吃,黑9小跳。黑棋边上有空,上面出头,棋形无忧,打入子处理得很好。

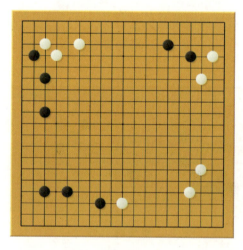

图 5-32

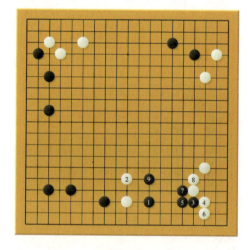

图 5-33

由于打入或其他原因产生的孤棋,通常有两种营救方法:一是就地做活,摆脱被攻击的状况;二是逃向中腹或与己方其他棋子取得联络。打入对方的阵营当中,当敌强我弱时,《十诀》指出要"彼强自保"。做出两个眼位活棋,一劳永逸,是上策。如果还能够利用对方棋形的弱点发力,甚至以弱胜强,则是上上策。处理孤棋需要我们掌握更多的围棋技术和围棋策略。

围棋《十诀》是中国古人对于如何下好围棋总结出的十句口诀。它言简意赅,通俗易懂,流传了一千多年,且作为围棋技术的基本理论一直沿用至今。围棋《十诀》是我国古典围棋理论的瑰宝,影响十分深远。后代棋手在探讨围棋理论时,常常把它作为基本棋理。

第五节 孤兵逃跑

被攻击的棋,如果没有就地做活的空间,又不能舍弃,则只能逃向中腹,或者和己方其他位置的棋子取得联络。

如图 5-34 这盘棋,白子(带"▲"符号)受到黑 1 的夹击,没有拆边或者做眼的空间,只能向中腹逃跑。

如图 5-35 所示,黑 1 夹攻白子(带"▲"符号),白 2、白 4 小跳,轻松摆脱困境。逃跑用小跳比较多,几乎每盘棋都会用到。

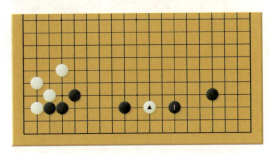

图 5-34

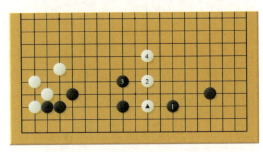

图 5-35

小跳逃跑是处理孤子的一种基础手段。但只会这一招还不够,有时候局面凶险,单凭一个小跳拯救不了孤棋。更高级的走法是在逃棋的途中,整理出好棋形。对于受到攻击的棋来说,逃跑的路上能增加一个眼,会多一分安全感,就是好的棋形。

如图 5-36 所示,白棋下边白子(带"▲"符号)如果被黑棋吃掉,黑棋将变得很厚实,这个孤子必须逃。

如图 5-37 所示,如果白 1 小跳,黑 2 刺是绝好的着法,白 3 只好粘上,黑 4 小跳继续攻击,至白 7 白棋已顺利地逃向中腹。但是,这样像一根柱子一样没有眼的孤棋,以后仍将遭到黑棋的驱赶。

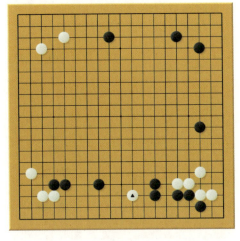

图 5-36

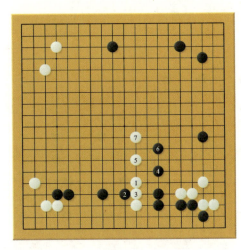

图 5-37

其实白棋可以寻求更好的结果。如图 5-38 所示,白 1 小飞,比图 5-37 中白 1 有进步。黑 2 尖,攻击的是急所,白 3 飞,形成比较好的棋形,黑 4 粘、白 5 长。之后白棋有机会走 a 位，就有做眼的可能了。

白棋还可以更大胆一点，如图 5-39 所示，白 1 肩冲，这是很有创意的一手棋。白棋尽量远离坚实的两个黑子（带"△"符号），符合"避实就虚"的棋理。黑棋仍是黑 2 尖，这时白 3 飞，黑 4 长，白 5 顶，是整理棋形的好点，黑 6 扳，白 7 长，白棋的眼位已经呈现。孤棋能有一只眼，虽然还在逃跑的路上，但是却有底气多了。

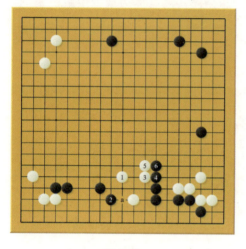

图 5-38　　　　　　　　　　　　图 5-39

如图 5-40 所示，白棋在黑棋的厚势夹攻之下，如果白 1 单纯地选择小跳逃跑，黑 2 也顺势小跳，一子两用，攻击白棋并扩张左边地盘。白 3 再小跳，黑 4 镇头，这时白棋就比较难受，像一根细长的棍子，被黑棋前后驱赶，而黑棋两边得利。

在图 5-40 的棋形中，白棋要有更积极的反击意识才行，寻找黑棋的薄弱之处。如图 5-41 所示，白 1 刺，预谋在黑 2 位冲断，黑 2 长联络补断，白 3 长，对黑棋的安全发出警告，黑 4 虎在角上，先保障自身安全，白 5 小飞，怀中已经形成一个眼位，既缓解了受攻击的窘迫，棋形也更舒展、从容。

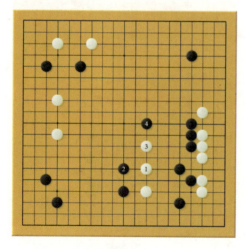
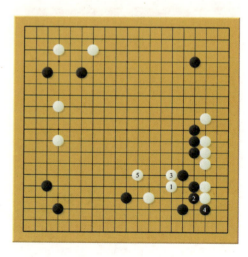

图 5-40　　　　　　　　　　　　图 5-41

如图 5-42 所示，白棋下面要形成大空，黑子（带"△"符号）及时打入，白 1 小尖攻击黑子，该黑子明显是孤棋。

如图 5-43 所示，白棋比较坚实，若黑棋按老套路走黑 2 小跳，白 3 刺，黑 4 粘，黑棋棋形就有点凝重了，白 5 比较严厉，黑棋外逃之路被堵，做活之道狭窄，举步维艰。

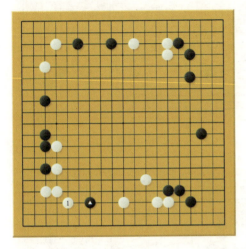

图 5-42

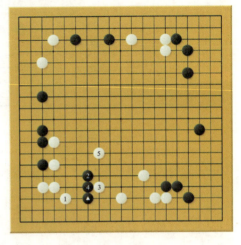

图 5-43

所以单纯的逃跑行不通，白棋两边的夹攻距离很近，黑棋怎样才能在下面挤出一个眼位？如图 5-44 所示，黑 2 碰，尽可能撑大做眼的空间，白 3 长。然后黑 4 小跳，白 5 还是拦头，情况不一样了，黑 6 扳，白 7 挡，黑 8 双虎，两个眼位都要出来了，之后黑棋在 a 位小尖，还有第三个眼位。这时黑棋整体很有弹性，棋形有做眼的空间和条件。

如图 5-45 所示，白 5 改走在下面，破坏眼位，黑 6 就会抓住机会小飞，黑棋连续两手棋——小跳和小飞往中腹跑，还是比较惬意的，应该是去路无忧吧！

可见，这盘棋成功的关键就是黑 2 的碰，把下面做眼的潜力激发出来，让白棋上下攻击难以兼顾，有点落空。

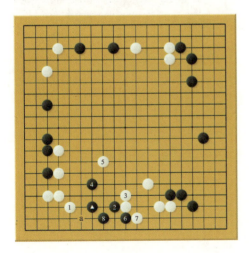

图 5-44

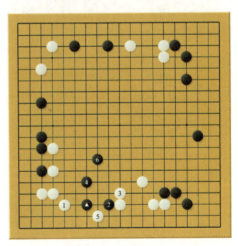

图 5-45

综上，孤棋通常有两种处理方法：①就地做活；②逃向中腹。首选就地做活，活了一劳永逸，免去奔波之苦；次选逃跑，逃跑的时候也要想办法把棋形走好，争取含有眼位。

练 习 题

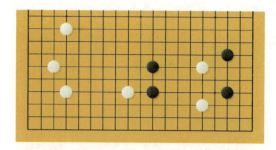

第一题,白棋先下

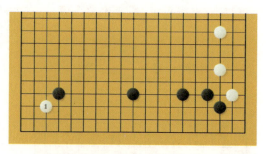

第二题,黑棋先下

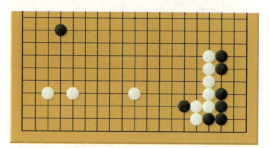

第三题,黑棋先下

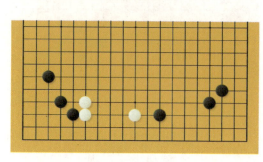

第四题,黑棋先下

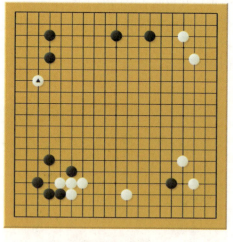

第五题,黑棋先下

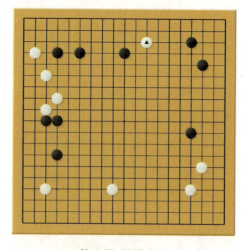

第六题,黑棋先下

练习题答案

第六章
官子技巧

第一节 大 官 子

经过激烈的中盘战争,双方地域已基本确定,一局棋就进入了官子阶段。初学者往往认为官子阶段,边边角角,无关大局。其实不然,如果是高手下棋,水平不相上下,布局和中盘阶段局势持平,最后决定胜负的就是官子功夫了。因此,掌握一定的官子技巧,是提高围棋整体水平的重要部分。

一、官子阶段的判断

学习官子技巧,首先要了解一盘棋在什么状态下进入官子阶段。

如图6-1所示,第一谱50手棋的局面,白棋有三个角。黑棋保住右下角,同时拥有左边的边空,双方实力大体相当。

如图6-2所示的第二谱100手棋,中盘已接近尾声,局面依然胶着,这个时候黑99点三三希望破白棋角空,如果成功,白棋全盘的空就不够了。所以白棋也毫不犹豫地用白100立下,摆出要绝杀黑子的强硬态度。

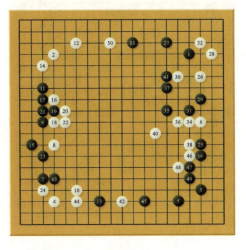

图 6-1

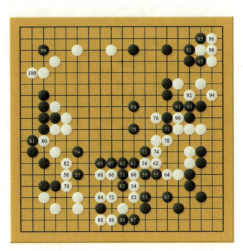

图 6-2

如图6-3所示的第三谱,重点研究这一谱。左上角由点三三走出来的五个黑子果然将被白棋收入囊中,这里是一个对杀,白126扳,黑127退,白128粘,黑129紧气,白130冲,黑131挡。这个时候中盘战争结束,双方的地域和边界逐渐清晰。

观察官子的情况,从左下角开始观察黑白交界的地方,二路线上多处还没有封口,都可以落子,另外中腹还有一大片空白区域。分析目前的局势,可以判断棋局进入官子阶段了。棋盘上大部分的二路线还没有封口的时候,称为大官子阶段,因为每一个二路线的局部涉及的价值目数都比较大。

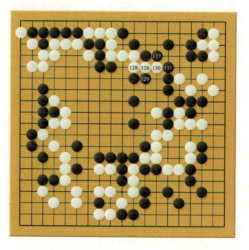

图 6-3

如图 6-4 所示的第四谱,值得注意的有两点:一是二路线的空白区域都没有了;二是中腹区域也都挤满了棋子。但是还有多处一路线没封口,双方交界处还有些许狭窄的空白。现在棋局进入小官子阶段。

如图 6-5 所示的第五谱,棋局下到这里,一盘棋就算结束了,双方所有的官子都走完了。黑棋有四个死子,白棋有十一个死子。黑棋和白棋各自围了地盘,可以进入胜负判断环节。

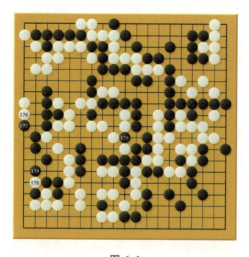

图 6-4

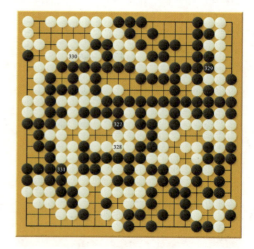

图 6-5

二、二路线上的大官子

计算围棋官子价值用的是出入计算法,即一方地域增加,而另一方地域减少,把增减目数相加,就是这一官子的价值。比如,己方下了一手棋得到 1 目,同时对手减少 1 目,按照出入计算法，可说这手棋价值两目。

1. 角上的大官子

如图 6-6 所示，这个棋形是黑棋的小目定式。到了官子阶段，开始收割二路线，白 1 飞是很大的官子。如果黑 2 脱先走其他位置，白 3 尖至白 5 扳、白 7 粘是先手。之后大致是黑棋走 a 位，白棋走 b 位，黑棋走 c 位，白棋走 d 位，白棋围得 7 目角空。

如图 6-7 所示，如果是黑棋先走，黑 1 尖顶，角空也很大。白 2 立，黑 3 挡，以后白 4 扳，黑 5 挡，白 6 粘，黑 7 也必须粘补断，黑棋围得 11 目空。

可见，若白棋先走得 7 目，黑棋就少围 11 目；若黑棋先走得 11 目，白棋就少围 7 目；一出一入，局部价值 18 目。

图 6-6

图 6-7

如图 6-8 所示，这是星位定式，本书中曾多次出现，黑 1 挡也是价值不菲的大官子。白 2 补，黑 3 脱先不走了，去抢棋盘上其他位置的大官子。之后白棋有机会走白 4 扳，黑 5 挡，白 6 粘，黑 7 粘，黑棋得 6 目。之后黑棋走 a 位，白棋 b 位补断。

如果白棋先走，如图 6-9 所示，白 1 长，黑 2 脱先不走，得到先手（先手是围棋术语，指某一方下完一个局部后可以脱离这个区域，选择走棋盘的其他地方，我们说他在这个局部的着法中获得了先手）。之后有机会白 3 立，黑 4 立，白 5 扳，黑 6 挡，白 7 粘，黑 8 粘，白棋得 4 目。图 6-9 与图 6-8 合起来计算，一出一入是 10 目。

这两个定式的后续走法相对固定，官子价值也都很大。

图 6-8

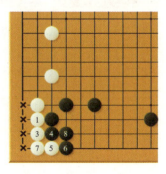

图 6-9

2. 二路线的扳粘

如图 6-10 所示，这是典型的二路线没有封口的大官子。

如果黑棋先走，如图 6-11 所示，黑 1 尖，期待着进一步在白 6 位小跳进白空，这将会给白棋造成很大的损失。所以白棋走白 2 挡，黑 3、黑 5 是先手扳粘，之后白棋走 a 位，黑棋走 b 位补断，黑棋围得 3 目。

如果白棋先走，如图 6-12 所示，同样白 1 小尖，黑 2 挡，白棋再走出白 3 扳、白 5 粘的先手扳粘。之后黑棋走 a 位，白棋走 b 位补断，这样白棋围得 3 目。黑棋先走或者白棋先走都得 3 目，一出一入，这个官子价值加起来是双方先手 6 目。

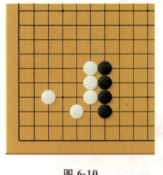
图 6-10

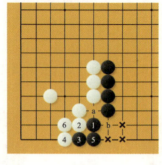
图 6-11

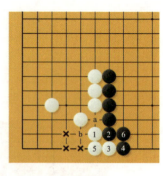
图 6-12

对于图 6-13 所示的二路线的官子，若黑棋先走，如图 6-14 所示，黑 1 扳，白 2 挡，黑 3 粘，这里白棋没有断点，不需要粘，之后大致是黑棋走 a 位，白棋走 b 位收官，黑棋围得 3 目。白棋获得先手，黑棋就是后手。

如果白棋先下，如图 6-15 所示，白 1 扳，黑 2 挡，白 3 粘，黑棋脱先，之后大致是白棋走 a 位，黑棋走 b 位收官，白棋也围得 3 目。和图 6-14 一起按出入计算法，此处官子价值为双方后手 6 目。

图 6-13

图 6-14

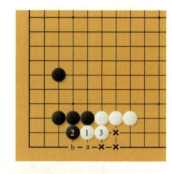
图 6-15

布局与中盘阶段不受重视的二路线，到官子阶段就是大官子。在二路线的空间上，双方可以施展小飞、小尖和扳粘等着法，尽其所能抢夺剩下的地盘，涉及的目数也不小，一般都在 6 目以上，多的可以有十几目。当二路线的官子收完，这盘棋离结束也就不远了。

第二节　小官子和终局

二路线的大官子走完，就进入小官子阶段。小官子走完，对局就结束了。本节主要介绍小官子和棋局结束的最终形态。

一、小官子

1. 单官子

单官子是只占据一个交叉点，没有围一目空的子，是所有官子中最后才收的最小的官子。单官子负责填满黑白双方的交界处,一盘棋有没有下完,全看单官子是否收完。

如图 6-16 所示,可以看出来,有三个点是空白地带,没有挤紧,都是单官子。

如图 6-17 所示,黑 1 占据了一个交叉点,本身并未围空。之后走白 2、黑 3,这个局部官子就收完了。

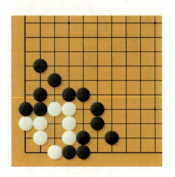

图 6-16

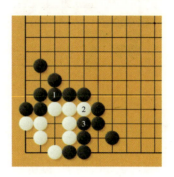

图 6-17

如图 6-18 所示,这个示例有四个单官子,但是要注意,有一个点比较特殊即 a 位,导致黑白棋的走法不同。

如图 6-19 所示,黑棋先走,黑 1 走 a 位,除了占单官子外,同时还打吃白子,白 2 粘上,之后黑 3、白 4、黑 5 走完。

如图 6-20 所示,白棋先走,白 1 能直接走 a 位吗?不能,直接走就只剩一口气,黑棋可以提子。所以白 1 只有先粘上,如果黑 2 走其他单官子,白 3 才有机会把 a 位占住。之后黑 4、白 5 走完。

图 6-18

图 6-19

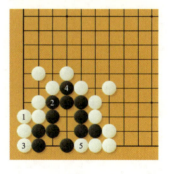

图 6-20

2. 双官子

围一目空的官子,称为"双官子",是比单官子大一点的官子。出现双官子有三种情况:

①围一目。如图 6-21 所示,黑 1 挡,可以围一目空。它占一个交叉点,又围了一目空,所以是个双官子。

②破一目。如图 6-22 所示,如果白棋先走,白 1 冲,白棋没有围空,但破坏了黑棋围一目空的机会,白棋这手棋也是有一目棋的价值。这里,白 1 也是个双官子。

围棋中,一手棋的价值是按已方得到多少空加上破坏了对方多少空来计算总数的。

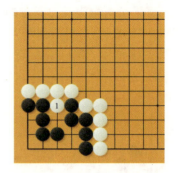

图 6-21　　　　　　　　　　　　图 6-22

③粘一目。如图 6-23 是双官子，黑棋先走可以得到一目，如图 6-24 所示，黑 1 粘上得到一目空。

若白棋先走，如图 6-25 所示，白 1 打吃，黑 2 必须粘上连回三个子，黑棋目数较图 6-24 的少一目。

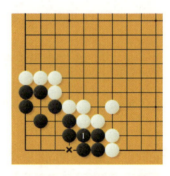

图 6-23　　　　　　　　　　图 6-24　　　　　　　　　　图 6-25

如图 6-26 所示，这是一个 9 路小棋盘，思考三个问题：①黑白交界处的哪些地方没有挤紧？②哪些是双官子，哪些是单官子？③若黑棋先走，你会先走哪个点？

如图 6-27 所示，沿着黑白交界按顺时针方向将没有挤紧的地方都找出来，包括：A 处，一路线没封口；B 处，交界处没挤紧；C 处，一路线没封口；D 处，这里黑棋还可以提子，是个打劫；E、F、G 三处，交界处没挤紧。一共有七个地方的官子需要收。

如图 6-28 所示，黑 1 挤，造成断点企图吃掉白棋两个子，白 2 必须补棋，损失一目，是双官子。黑棋得到先手，再走 3 位冲，白 4 挡，又破坏白棋一目，是双官子。黑 5 接着再冲，白 6 只好跟着挡，白空再次缩减一目，是双官子。依旧是黑棋先手，黑 7 扳，白 8

图 6-26　　　　　　　　　　图 6-27　　　　　　　　　　图 6-28

挡,黑 9 粘,抢到最后一个双官子。终于轮到白棋先手行棋,白 10 粘劫。最后两个单官子黑 11、白 12 各占一个。这个棋形一共有四个双官子,至此这盘棋全部下完,界线划定了,一寸土地挨着一寸土地,挤得紧紧的。

官子阶段,棋盘上挤得密密麻麻,把官子都找出来并且走完,考验的是棋手的耐心,就像收割过后的麦田还遗留许多麦穗,只要耐心去收捡,也有一大篮。

二、终局状态的判断

终局:当棋盘上黑白交界之间挤满棋子,没有空隙的时候,就可以判断一盘棋结束了。

如图 6-29 所示,假设这是个半边盘的棋,左边黑空,右边白空,黑白棋之间有一条空隙,可见这盘棋还没有下完。

如图 6-30 所示,要把这条空隙全部填满,如黑 1、白 2、黑 3、白 4、黑 5、白 6、黑 7、白 8,这样棋才算下完了。白空里的三个黑棋是死子,当对局双方确认这盘棋结束,准备判断胜负时,再把它们一起拿掉。黑白棋之间必须像这样挤得紧紧的,不留空隙,才能算终局。就像两个国家的国界一样,每一寸土地都紧密相接。

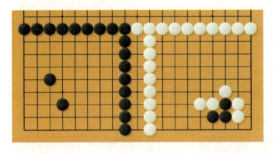

图 6-29

图 6-30

如图 6-31 所示,这是一个 11 路小棋盘,有两块黑空和两块白空。黑空里有三个死子,白空里有一个死子,按顺时针方向沿着黑白交界检查一遍,没有空隙,故这盘棋下完了。

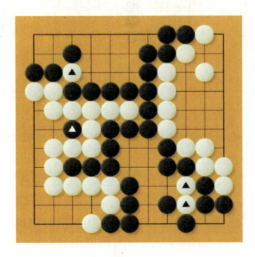

图 6-31

第三节　收官的顺序

收官不仅要考虑大官子和小官子的价值，还要考虑先后手的问题。收官时要综合考虑官子的价值和先后手，找出最佳的收官顺序，以获得最大的官子价值。

一、双方先手官子

先手官子：指官子的一个局部结束后对方必须补棋，这样就得到一个先手，可以走其他地方。

双方先手官子：指一个局部黑白双方任意一方先走，最后对方都要补棋，先走的一方得到先手。

双方先手官子是官子中价值最高的一种。

如图 6-32 所示，一路线没有封口，这里的官子如何收？

如图 6-33 所示，黑棋先走，黑 1 扳，往白空里多挤一点，白 2 打吃，黑 3 粘，白 4 必须补断，否则黑棋走在白 4 位将吃掉白 2。现在局部结束，黑棋有两个收获：①黑棋得到两目棋（×），由于和附近其他目数无关，因此只看这两目；②黑棋得到了先手，又可在别处收官。

如图 6-34 所示，如果白棋先走，白 1 扳，黑 2 打吃，白 3 粘，黑 4 粘补断。看看结果：①白棋得到两目棋（×），图 6-33 中黑棋的两目空已经消失；②白棋获得先手。

这个棋形无论谁走都会获得先手，使己方增加两目空，同时造成对方损失两目的结果。一出一入，二者相加，这个官子价值四目。这是价值四目的双方先手官子。

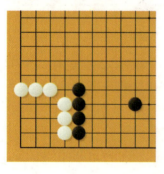

图 6-32

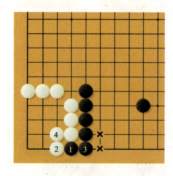

图 6-33

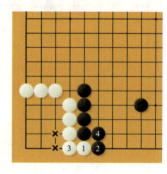

图 6-34

二、单方先手官子

一方先走是先手，而另一方先走却是后手的官子，称为"单方先手官子"。

如图 6-35 所示，为一路线官子。

如图 6-36 所示，白棋先走，白 1 扳，黑 2 打吃，白 3 粘，角上有个断点，黑 4 粘。最后白棋得到先手和一目空（×）。

如图 6-37 所示，黑棋先走，黑 1 扳，白 2 挡，黑 3 粘。白棋形成虎口，不需要补棋。黑棋先走却是后手，但是得到两目空，一出一入价值三目。

这个官子，白棋先走是先手，而黑棋先走则是后手，因此这是单方先手官子，其价值略小于双方先手官子。

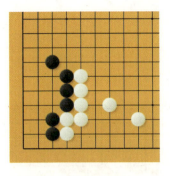
图 6-35

图 6-36

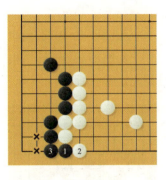
图 6-37

如图 6-38 所示,这是实战中常见的棋形。

如图 6-39 所示,黑棋先走,黑 1 冲,白 2 挡,黑 3 再冲,白 4 再挡。黑棋向白空中冲进来两个子,得到先手。

如图 6-40 所示,白棋先走,白 1 挡,虽然是后手,但保住了三目空(×)。可见,这是一个单方先手三目的官子。

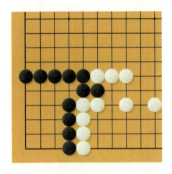
图 6-38

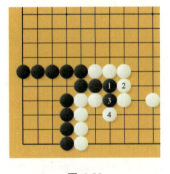
图 6-39

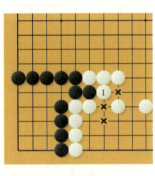
图 6-40

三、双方后手官子

双方后手官子是指无论哪方先走都要落后手的官子。

如图 6-41 所示,为一路线官子。

如图 6-42 所示,黑棋先走,黑 1 扳,白 2 挡,黑 3 粘,黑棋得到一目(×)。

如图 6-43 所示,白棋先走,也是扳、挡、粘,与图 6-42 比较,黑棋×处的一目空不见了,而白棋则多出×处的一目空。一出一入是两目,故这是双方后手两目官子。

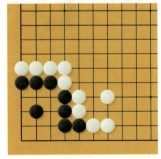
图 6-41

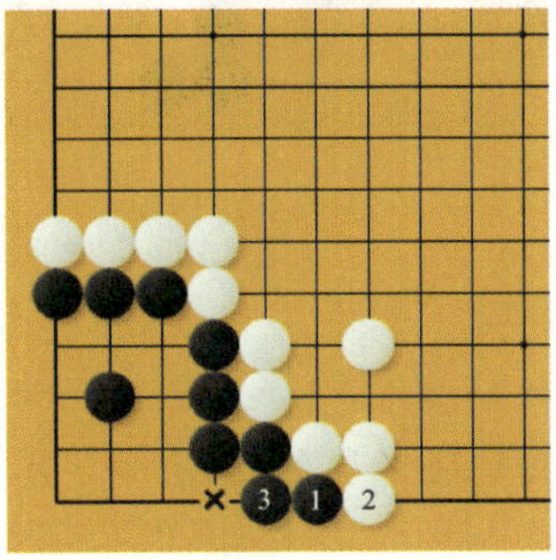

图 6-42

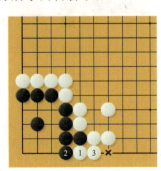
图 6-43

如图 6-44 所示，为一路线官子。

如图 6-45 所示，黑棋先走，黑 1 渡，围得两目空(×)。

如图 6-46 所示，白棋先走，也走白 1，就破了黑棋两目。因此，这一官子价值两目，但谁先走都是后手。

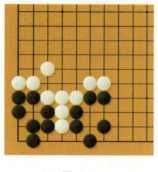
图 6-44

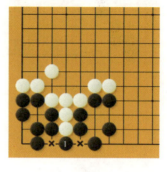
图 6-45

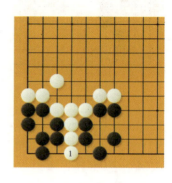
图 6-46

四、9 路小棋盘收官

下面介绍一个 9 路小棋盘的官子示例，让学生了解全局收官的规划。

如图 6-47 所示，黑棋先走，首先观察局面中有几个官子，发现有 A、B、C、D 四个官子；其次计算四个官子的先后手和目数价值；最后统筹规划。

如图 6-48 所示，黑 1 首先选择了 A 位的双方先手官子，价值四目；然后黑 5 走 C 位的己方先手官子，价值一目；黑 7 再走 B 位的对方先手官子，价值三目，至此四个官子黑棋收了三个；仅留一个单官子给白 10。

如图 6-49 所示，最后结果是，黑棋十七目，白棋十六目，黑棋胜。

如果黑棋不这样统筹规划，第一步棋不走 A 位的双方先手官子，那么后面不论怎么走都是黑棋输。

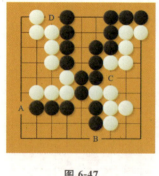
图 6-47

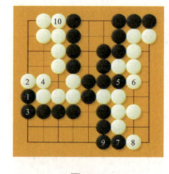
图 6-48

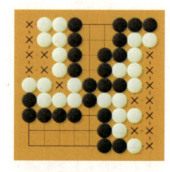
图 6-49

官子阶段棋盘上的空余地方已经不多了，己方得一目的同时对方就少得一目，所以了解官子的先后手很重要。正确的收官顺序如下：①双方先手官子；②单方先手官子；③双方后手官子。收官用的着法是最常见的三招——扳、挡、粘。

第四节　胜负的判断

判断一局棋胜负前，首先要确定对局终止，可以主动向对手以口头方式确认，如果对手认为对局还没有结束，那只有继续对局，直到双方都同意结束对局，就可以判断棋局的胜负了。

一、围棋胜负的标准

围棋的棋盘有 361 个交叉点。黑棋 185 子胜，胜 3/4 子；白棋 177 子胜，胜 1/4 子。

黑棋和白棋获胜的标准不一样，黑棋要比白棋多围 8 目才算赢。这是因为对局时黑棋先走，占了先行有利的便宜。为了对局的公平，要求黑棋比白棋多围一些空，才能算赢棋。为什么是 8 目呢？这是经过很多对局并计算黑白胜率后发现的，这个目数使黑白胜率的差值是最小的。为什么有分数棋子呢？这是概念上为了避免出现和棋而规定的。

二、判断胜负的方法

1. 认输

一方可以在对局中途时认输，也可以在对局结束时认输。当目测双方围的空差距过大，也没有机会扭转乾坤时，那就干脆认输，称为"中盘负"。胜的一方称为"中盘胜"。

2. 数空判断胜负

数空的前提是收官结束。黑白棋的交界处一个单官子也没有，对局双方均认定对局结束后，开始数空。

数空的具体步骤如下。

①把棋盘上双方的死子都拿掉，如果有双活，数空前要把公气填上，原则是双方各半。

②数空，任选黑或白一方的棋来数空就可以了。数空时以整十为单位，方便计算，如 10 个空或 30 个空等。

③数子，将数空后棋盘上剩下的子（与数空方同色的棋子），以每 10 个为一组，计算总数。不足 10 个的余子应加在总数中。

④根据空和子相加的结果判断胜负，即黑棋是否达到 185 及以上或者白棋是否达到 177 及以上。

现用一个 11 路小棋盘的示例来详细说明。

如图 6-50 所示，先检查 11 路小棋盘黑白双方交界处是否挤紧了，黑白都挤紧时对局结束。

如图 6-51 所示，第一步，先把双方死子从棋盘上拿掉。黑棋 1 个死子，白棋 3 个死子。

图 6-50　　　　　　　　　　　　　图 6-51

如图 6-52 所示,第二步,数黑棋的空,以 10 个为单位将黑棋做成空。上边黑棋有 20 目,下边有 10 目,一共 30 个空。

由于方形空容易计算,可以对棋形做一些调整:①把一些黑子拿走,露出下面的交叉点,数这几个交叉点,数目上没有变化;②还需要把多的交叉点用棋子填上,使棋形正好是方形;③把拿走的棋子放回棋盒,不能放在棋盘上,否则黑棋就多了。

如图 6-53 所示,第三步,数黑棋的子,以每 10 个为一组,共 30 个子。

11 路棋盘有 121(11×11)个交叉点,黑棋 30 空＋30 子＝60 目,黑棋输。

图 6-52　　　　　　　　　　　　　图 6-53

3. 人工智能裁判

判断棋局的胜负还有一种简便的方法,就是借助人工智能(AI)技术,最著名的围棋人工智能软件是 AlphaGo(阿尔法围棋),它曾战胜世界冠军,所向披靡。让 AI 裁判来判断棋局胜负可以节省大量时间。手动数子、数空大概要用几分钟,AI 技术只需要几秒钟就能完成。有多款围棋应用程序(APP)都能够进行棋局胜负判断,拍张照片马上可以显示胜负。

如图 6-54 所示,这是一盘已下完的棋。大家可以先检查一下黑白棋子都挤紧了没有。可以看出,黑棋有六块棋,白棋有五块棋,棋盘上黑白双方各有一个死子。

当对局双方确认棋局结束,可以用 AI 裁判来判断胜负,拿出手机对棋局进行拍照识别(图 6-55),死子不用拿掉,围棋 APP 就能够判断胜负。

图 6-54

图 6-55

如图 6-56 所示,几秒钟后围棋 APP 就能给我们一个结果,黑棋 183 子,黑棋输了。

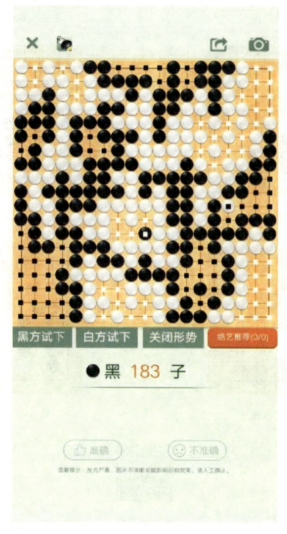
图 6-56

练 习 题

第一题，黑棋先下

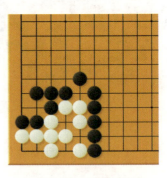

第二题，黑棋先下

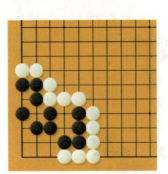

第三题，黑棋先下

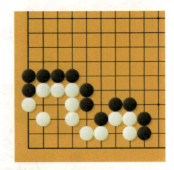

第四题，黑棋先下

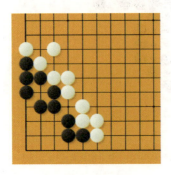

第五题，黑棋先下

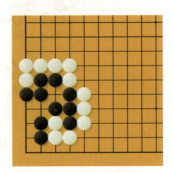

第六题，黑棋先下

练习题答案

第七章

围棋教学的组织与实践

第一节 围棋教育概述

一、中小学校开展围棋教育的积极意义

承担我国围棋教育普及任务的主体包括中小学校和社会围棋培训机构。其中,中小学校是围棋教育的主要场所。棋类活动对青少年个性的塑造、美德的培养以及思维能力和文化素养的提高都会产生积极的作用。我国先后有十几个省市开始普及棋类教学与活动,在学校素质教育和学科教学改革方面取得了较大突破。各级教育、体育行政部门在促进素质教育的过程中,都将围棋作为"体育与健康"课程中课外文体活动的一项内容,在全国各地中小学校开展。

1. 促进学校体育的特色化和多样化

学校体育是实现立德树人根本任务、提升学生综合素质的基础性工程。为帮助学生在体育锻炼中享受乐趣、增强体质、健全人格,令其德智体美劳全面发展,就需要充分利用优质丰富的特色体育资源,形成"一校一品""一校多品"的学校体育发展新局面。不同地区的学校可以根据自身特点创建体育项目校本课程,围棋课程的开发具有较强的可操作性,有利于实现学校体育的特色化,丰富学校体育教学的内容。自1990年以来,全国已有25个省(区、市)的70个地区被授予全国围棋之乡称号,当地可以利用区域性优势,开设围棋课程,为学生提供更多选择,使学生体育技能更加多样,实现学校体育的特色化、多样化。

2. 有助于推广中华传统体育项目

2020年,《关于全面加强和改进新时代学校体育工作的意见》中明确提出了要推广包含棋类在内的中华传统体育项目,因地制宜地开展传统体育教学、训练、竞赛活动,并融入学校体育教学、训练、竞赛机制,形成中华传统体育项目竞赛体系;培养学生爱国主义、集体主义、社会主义精神,增强文化自信,促进学生知行合一、刚健有为、自强不息。围棋属于我国四大古老的文化艺术之一,根植于中华优秀传统文化深厚土壤,在小学生的修身养性、训练思维、开发智慧、培养品格和礼仪等方面具有明显的教育功能。将围棋项目融入学校体育中,能够有效促进校园文化建设,让中华传统体育项目在校园绽放光彩,对实现学生文化自觉和文化自信具有积极意义。

二、我国围棋教育现状

1. 围棋是中小学校普及率最高的棋类项目

自20世纪90年代以来,我国围棋教育事业发展迅速,北京、上海、浙江、湖北等有条

件的大城市及省份率先在一些中小学校开设围棋课程。目前,中国围棋协会已在全国遴选了220所学校作为"全国中小学棋类教学实验基地",举办了十余次全国中小学棋类教学实验课题工作会议。现在围棋成为中小学校受学生欢迎的棋类项目。

2. 围棋进校园机制逐步建立

为了有序推进围棋教育,各地不断完善教育机制,努力实现围棋进校园活动的常态化。2013年,国家体育总局、教育部印发《体育传统项目学校管理办法》,浙江、山东等省份授予部分学校"围棋传统项目学校"称号。杭州市教育局开展了围棋第二课堂共建活动,近百所中小学申报第二课堂共建学校。北京开始实施"北京中小学棋牌运动教育推广工程"。2021年2月,中国围棋协会发布了《全国围棋特色学校(幼儿园)称号授予办法》。各省市中小学校也积极响应通知要求,结合自身实际制定诸如"围棋进校园实施方案""围棋校本课程实施纲要"等在内的各项规章制度,在组织形式、课程建设和训练竞赛等方面提供制度保证,有力促进围棋活动在学校的普及和发展。

3. 围棋具有广泛的群众基础,受到家长的青睐

围棋在我国有着广泛的群众基础。20世纪80年代初,中日围棋擂台赛对我国围棋运动的发展产生了巨大影响,激发了高校大学生的强烈兴趣,使之成为围棋爱好者,几乎每所学校都会举办围棋活动。许多喜爱围棋的大学生将围棋理论与思想运用于实际工作,成为各行各业的领军人物。他们对围棋的教育价值有更深刻的理解,成为持续支持围棋教育的坚定力量,对下一代的围棋教育保持正面积极的态度,有力地促进了围棋教育的发展。特别是在围棋爱好者集中的大中城市,受经济、思想观念以及围棋在国际上的影响力等因素的影响,围棋的普及活动在许多小学开展得有声有色、丰富多彩。围棋的教育功能是它本身所固有的,而我国几千年重视教育和智力发展的社会环境,则对其起着推动作用。

4. 社会围棋培训机构促进围棋的普及

中国围棋协会负责全国范围内围棋的普及工作,每年都有各类比赛检验培训成果,使围棋运动得到不断的发展。各省棋牌运动管理中心也在开展棋类培训与技术等级测试活动。还有许多校外围棋培训机构,主要进行青少年围棋培训和组织青少年参加围棋比赛。随着远程教育的普及,网络围棋教学成为一种新的围棋教育形式。总之,社会围棋培训和比赛是校园围棋活动的延伸和补充。

第二节 围棋的教育价值

围棋活动可以促进人的智力和非智力的发展,丰富社会文化生活,加强精神文明建设。开展围棋活动,有利于挖掘其蕴含的教育价值和社会交往价值。

一、围棋益智交友的价值

关于围棋起源,西晋张华在其所著《博物志》中写道:"尧造围棋,以教子丹朱。"虽是传说,但也说明两个问题:一是围棋的起源很早;二是围棋具有启迪智慧的教育功能。孟子曾说:"今夫弈之为数,小数也。不专心致志,则不得也。"他把围棋放在了古代六艺教育的范畴之中。以后历朝历代都有名人雅士讨论围棋与智力的关系。如战国《尹文子》曰:"以智力求者,譬如弈棋。"可见古人已十分明确围棋是智力活动。

1. 提升思维能力

围棋可以提升人的运算能力和思维能力。棋盘上交叉点有 361 个，变化空间无限。即使一个低水平的棋手，下一盘棋也要进行大量的运算分析。密集的思维活动可以促使脑部神经灵敏发达。列宁曾说："国际象棋是智慧的体操。"与国际象棋相比，围棋更是变幻莫测，弈无重局。棋盘上任何一着棋都可能导致一种崭新的、独特的局面。棋手只有超越旧有经验，才有取胜的可能。这个过程就是创造性思维。

2. 提升社会适应能力

围棋能够促进人际交往。纹枰坐对，以棋会友，超越了胜负，使围棋活动发挥着更大的社会功能。在我国从唐代起，围棋就成为中外交流的媒介，留下了许多历史佳话。现在国内的许多地方，把围棋活动作为发展社区、企业、校园文化活动的主要内容，就是因为它有着扩大和加深人们之间的交往和友谊、增进社会沟通的功能，而且还具有情趣高雅、形式活泼、便于组织的特点。

二、围棋涵养品格的价值

1. 围棋礼仪可以涵养道德修养

围棋是一项高雅的竞技运动，带有浓厚的文化艺术色彩。对棋手来说，围棋礼仪非常重要。学生不仅要学围棋的技艺，还要在围棋活动中学做人，以修身养性、完善人格。围棋礼仪对弈者从仪表到行为有一套规范的要求。从比赛开始前的净盘净心、鞠躬致意，到比赛开始后的猜先，以及对局结束后的致谢、整理棋具等，都体现了棋手的个人修养。围棋可以锻炼弈者的自控能力，帮助他们学会沉着应对，并不断承受"失败"的挫折，逐渐提高心理的承受能力。自古人们就明确了围棋磨砺心智、完善自我修养的作用。

2. 了解围棋历史，增强振兴中华的历史责任感

中国古代围棋经历了数次大的发展高峰。中国近代围棋逐渐衰落，其社会原因是 1840 年鸦片战争以后我国国力衰微，围棋的社会地位下降。近代日本围棋得到飞跃发展，与当时中国围棋的衰落形成鲜明的对比。中华人民共和国成立以后，政府支持围棋运动的发展，棋手励志图强，水平上升，使围棋活动再一次风靡全国。围棋历史的教学，可以让学生感受到国家的沧桑巨变，从而激发学生的爱国热情，增强振兴中华的历史责任感。

3. 承受挫折，培养顽强的意志品质

失败是成功之母，凡是学下棋的人都会遭遇失败。只有能够承受多次挫折，又不甘心失败，且充满取胜期望和竞争意识的人，才能达到一定的棋力。围棋是一种对抗性活动，双方在棋盘上寸土必争，互不相让。棋盘上的形势瞬息万变，可谓"一枰翻覆战枯棋"。弈者往往会有悲喜忧乐的情感经历，在这个过程中，学生可以渐渐锻炼自控能力，学会冷静度势，沉着应对；并能承受"失败"的挫折，逐渐提高心理的承受能力，养成豁达大度、谦虚沉着、乐观向上的品质。

三、围棋培养高雅情趣的价值

1. 阅读围棋文学，提升传统文化修养

文学素养是大学生综合素质优良的体现。体育专业大学生在文学修养方面一般都

比较薄弱,而必要的文学修养对大学生适应现代社会发展大有益处。了解围棋文化,必然要涉及围棋文学。我国古代围棋文献和文学作品十分丰富,许多诗人也善弈围棋,因此常以棋入文,诗中带棋相当普遍。古代文人们留有大量咏围棋的诗词、戏曲和小说,形成了精彩灿烂的围棋文学,其中不乏脍炙人口的名篇佳句,如宋代赵师秀的围棋诗:"黄梅时节家家雨,青草池塘处处蛙。有约不来过夜半,闲敲棋子落灯花。"诗人深夜候客,轻敲棋子,心情闲适,诗意优美。唐代杜牧送给当时围棋国手王逢的诗:"绝艺如君天下少,闲人似我世间无。别后竹窗风雪夜,一灯明暗覆吴图。"诗句情思细腻,感人至深。这些棋融诗意、音韵优美的诗句能够让读者感受到围棋与文学的交融与和谐。通过欣赏围棋文学作品,大学生既能体会围棋的趣味和神韵,也能加深对中国传统文化的理解。

2. 欣赏围棋古画,感受恬静之美

我国历史上,许多著名画家以棋入画,为我们了解各朝各代的围棋活动留下了重要的文物资料。明代有很多画家爱下围棋,著名画家周臣、唐寅和仇英师徒三人都有大量的围棋画作,例如周臣的《松窗对弈图》、仇英创作的《汉宫春晓图》《十八学士登瀛图》、唐寅的《溪亭对弈图》等都是上乘之作。这些画作生动地描绘了人们远离闹市在松下竹间安静对弈、在庭中廊上三五好友棋戏娱乐的情景,展现了中国古代文人的高雅情趣,以及他们渴望心灵在大自然中获得超然与宁静的旷达情怀。

第三节 围棋课的教法与组织

教学方法是教师为完成教学任务而采取的具体手段,是教师引导学生掌握知识技能、获得身心发展的方法。围棋教学涉及教学内容的安排、教学方法的运用和教学活动的组织。围棋教学内容主要包括围棋的历史和发展、基础知识、布局、中盘、收官与裁判工作共六个部分。教师根据不同的围棋课程教学内容运用不同的教学方法可以取得较好的教学效果。

一、围棋课常用教学方法

1. 以语言传递为主的教学方法

①讲解法。教师运用简明、生动的语言,向学生系统地传授知识和技能。教师向学生说明教学目标、技术名称、技术方法和要求,使学生获得全面、系统的知识。好的讲解还能将思想教育、发展智力和陶冶情操有机地结合起来,调动学生的积极性,达到身心共同发展的教育目标。

②讨论法。在教师指导下,学生以全班或小组为单位,围绕教材的中心问题各抒己见,通过讨论活动获得知识。讨论法的优点在于方便教师了解学生的学习状况;有利于学生独立思考,积极参加学习活动,同时还可以激发学生的兴趣,提高课堂学习热情。

运用以语言传递为主的教学方法时要注意如下几点。

①科学地组织教学内容。学生的知识来自教材,教师用语言的方式使学生掌握知识,并发展他们的技术能力时,最为重要的是要准确地把握教学内容,重点突出,难易适度。比如讲解围棋的"气"时,要准确地表述概念,棋盘上不仅活子有"气",死子可能同样有"气"。这就需要围棋教师认真钻研教材,科学组织教学内容,使学生获得准确的概念。

②教师的语言要清晰、准确、生动。教师要有较好的语言素养和较高的语言表达能力。生动有趣的围棋历史故事可以激发学生的学习兴趣。技术讲解要简明扼要，便于理解。围棋术语较多，这些术语对学生而言比较陌生，因此教师的语言表达力求准确到位、平实易懂。例如"双叫吃"这个术语，可以根据特点编成顺口溜"一石二鸟双叫吃，跑了哥哥抓弟弟"，这样既生动活泼，又容易记忆。围棋有着丰富的文化内涵，可以通过各种形式吸引学生的注意力。在围棋教学的讲解和指导中，语言的应用都需要教师精心设计。

2. 以直接感知为主的教学方法

演示法是教师借助磁性大棋盘或投影仪、多媒体把围棋技术中一些具体走法展示给学生，使围棋教学直观化、形象化，帮助学生加深对技术、原理的认识和理解。演示法是围棋教学最主要的教学方法，可以使学生获得感性认识，形成正确概念；有利于学生观察能力和思维能力的培养。演示法与讲解法等教学方法结合使用，可以获得更好的教学效果。

运用演示法时要注意控制演示时间。演示不宜过于复杂，难度也不宜太大，否则学生理解不了，还会挫伤其学习的积极性。比如"打劫"是围棋技术中步骤较多的知识点，"打劫"的技术关键是找劫材，但是劫材的价值判断又比较复杂。教学中需要适当降低难度和要求，以掌握基本步骤为主，充分利用磁性大棋盘演示直观、鲜明、生动、真实的特点，集中学生的注意力，令学生仔细观察、积极思考。

3. 以实际训练为主的教学方法

练习法是学生在教师指导下，通过不断的独立训练来巩固知识、运用知识，以形成技能技巧的教学方法。练习法以一定的知识技术为基础，具有重复性特点，在围棋教学中被广泛使用。教师的讲解、演示，只能使学生感知所学知识的表象，只有反复练习、不断实践，才能逐步掌握技术。所以教师要注重讲练结合，常见的组织形式有独立练习和分组练习。

运用以实际训练为主的教学方法时应注意：练习目标明确；循序渐进，逐步提高；规范操作，严格要求。例如对"定式"的掌握，就需要大量的练习，每一个"定式"都有各种变化型，中小学围棋教学中以基础型为主，逐步增加难度。"定式"对每一步棋的次序有着严格的要求，学生练习过程中需要不断提醒自己。同时，教师要做好练习教学评价，在评价时需注意态度与方法，避免打击学生学习围棋的自信心、积极性。

4. 以情景和竞赛活动为主的教学方法

以情景和竞赛活动为主的围棋教学方法，是指教师在教学中创设一定的情境和比赛活动，使学生通过生动丰富的实践活动提高技术水平，陶冶情操，提高参与兴趣的教学方法。

①游戏法。游戏法是教师组织学生做游戏来完成教学任务的一种教学方法。游戏法通常有一定的情节和竞争成分，内容与形式多种多样，可以在教学的过程中培养学生的思考和判断能力，陶冶情操，因此在教学中被广泛采用。围棋是智力游戏的重要组成部分。教学中教师可以根据儿童爱玩的天性，设置情景，创建与组织围棋游戏，比如吃子游戏、围空游戏、联棋游戏，通过游戏的方式，使围棋教学妙趣横生，灵活多变。

②竞赛法。竞赛法是指通过组织学生比赛进行技能学习和练习的一种方法。比赛也是游戏的一种形式，竞赛法和游戏法的主要区别在于：游戏有竞争、合作、表现等多种

类型，而比赛偏重于竞争。实战是围棋水平提升的重要途径，也是围棋修养提升的关键手段。教师应该指引学生正确看待胜负，鼓励赛后复盘，将学生注意力引导到技术的提升上，促进输赢双方之间的交流，共同提升围棋水平和修养。围棋竞赛的组织也是多种多样的，有双人赛、多人赛、混双赛、小组赛等。

运用以情景和竞赛活动为主的教学方法时要注意如下几点。

①依据教学目标，紧扣教学内容。游戏和比赛是为教学服务的，应当围绕教学重点、难点组织活动。

②教育学生遵守规则，加强组织和纪律观念。进行围棋礼仪和体育道德的教育，培养合作意识和集体荣誉感。

③活动中要注意激发学生强烈的情感反应。充分利用各种情景，如通过学生互相加油、教师给予现场表扬等方法，让学生充分体验围棋乐趣，不断激发参与热情。

二、围棋课的组织与实施

围棋教学是根据教学任务，向学生传授围棋基本理论知识，使学生掌握围棋基本技术与战术，提高学生能力与进行思想教育的过程。因此，教师不仅要具有一定的专业知识和教学技巧，还必须具备组织教学和管理学生的能力。这样，教学活动才能按计划有序地进行，圆满完成教学任务，取得良好的教学效果。

教学由教师、学生、教材和教法手段四个要素构成。教师处于教学的主导地位，是课堂教学的主要管理者，因此教师必须掌握课程教学的基本要求。

（一）围棋教师的基本要求

1. 教师是学生发展的促进者

教书育人工作应贯穿于课堂的始终。"教书"是为了呈现知识，帮助学生学会科学知识，掌握技能技巧；"育人"是为了培养学生正确的品德，培养学生健全的人格。围棋是智力竞技项目，有着胜负显著、对抗性强的特点。围棋实践对局环节中，学生经常会因吃子、输棋而产生矛盾，甚至会影响学习的积极性。此时，教师就要善于作矛盾的化解者，鼓励学生把阻力转化为学习的动力，使课堂教学在团结友爱、奋发向上的氛围中进行。

2. 教师是教学活动的管理者

围棋属于个人项目，学生参与度较高，容易形成活跃的课堂气氛；且围棋棋路变化多端，对局时不但要观察入微、思路明晰，更要心思缜密、出奇制胜。多样的局势更容易激发学生学习与探究的兴趣，有利于教师对课堂的管理与把握。但教师要善于引导学生，不可让学生放任自流；要维护好教学秩序和课堂纪律，使学生在良好的教学环境中自觉学习。

3. 教师是终身学习的践行者

作为教师，首先必须是一位学习者，需不断更新自己的知识结构，以便使所教的知识建立在更广阔的知识背景之上。这就要求教师不断钻研教材，深入解读知识内容，认真备好每一堂课，选择更贴合学生的、科学合理的教学方法和手段，严密组织教学活动，在提高自身教学能力的同时充分发挥教学手段在教学中的管理作用。

4. 教师是学生言行的示范者

"学为人师，行为世范。"教师必须为人师表、以身作则。教师要具有关心学生、爱岗敬业、治学严谨等优良职业素养，以自身的品德行为为学生做榜样，使自己更加具有权威性，更好地完成教学管理工作。

（二）课堂的组织

围棋教学以45分钟一堂课为一个基本单元。在这个单元中，首先，学生已学的知识和技术得到复习和巩固，并受到教师的检查和评估；然后，学生学习新的知识点和技术，开展各种形式的对局训练活动。每一堂围棋课应该是相对完整又多层次的教学过程。通常把一节课分成四个基本环节：①组织教学；②复习检查；③讲练新课；④布置课后作业。

1. 组织教学

组织教学是顺利进行围棋教学的保证。中小学生正处于身体和心智成长尚未成熟的阶段，学习情绪往往不稳定，尤其是低学段的学生，年龄小，活泼好动，注意力容易分散，自我控制能力较差，他们在上课时常常会分心、走神，例如把玩棋子、说话打闹，从而导致课堂秩序涣散，影响课堂教学的正常进行。因此，在课堂教学过程中，教师要随时注意组织好学生，使全班保持良好的课堂教学秩序，以便取得理想的教学效果。组织教学的效果与教师的教态、威信、组织能力以及教学经验有关。

2. 复习检查

在讲练新课之前，教师有必要对学生已学的内容进行复习。比如教师列出基本的围棋棋形，提问学生下一步的最优走法，以此来巩固基础技术和知识等。通过复习检查这一环节，教师可以了解学生对前一节课或前几节课教学内容的掌握情况和程度，以便在本节课中为弥补教学中的漏洞和针对学生学习中的弱点与难点采取一些补救措施；在讲练新课之前，教师可以充分利用复习检查的内容充当新旧知识联系的"桥梁"，以旧引新，逐步导入新课的讲练。在新授课上，复习检查这一环节占5~10分钟的时间，绝不可拉得过长，以免影响新课的讲练。这就要求教师必须精心设计用于复习检查的练习题。

3. 讲练新课

讲练新课通常包含以下三个步骤。

①感知新内容。在让学生感知新内容时，教师要注意从已知引出未知、由浅入深、由易到难，适当地运用直观和多媒体教具，帮助学生更好地感知新内容。

②讲解和练习。讲解的实质是教师在学生充分感知新内容的基础上，讲解规则，强调重点，把学生的感性认识提升到理性认识。只有透彻理解围棋技术规则，掌握对局的礼仪、方法，学生才能有效地进行练习，提高自身技术能力。教师通过磁性大棋盘展示或多媒体投影等方式，引导学生进行相应知识点的练习，帮助学生熟练掌握围棋技术。

③实践对局。实践对局的主要目的是要让学生试着独立运用所学技术，加深对所学内容的理解和记忆。例如，吃子和逃棋，是敌我战斗的焦点，需要在大量对局中，不断地总结经验，才能逐渐熟悉棋形，掌握技术要领。

4. 布置课后作业

教师在下课前要给学生布置课后作业，帮助学生进一步巩固课堂教学知识。课后作业应密切配合课堂教学内容，成为课堂教学的延伸和补充。例如，在课堂上学生对某一项技术掌握得较差，或因时间不够，练习得不充分，教师就可布置有关这项技术的作业进行弥补。教师要注意时常变化作业形式,内容不宜过多,不使学生感到单调乏味。教师亦可根据学生的实际情况,布置"死活题"、布局的题目和对局作业等,加深学生对新授课内容的理解。

三、围棋成绩的考核

围棋成绩考核以平时为主,以期末考核为辅,既要看结果,又要重视过程。考核旨在检测学生对围棋知识的掌握情况,以便于教师在今后的工作中查缺补漏,进一步提高围棋教学质量。围棋成绩可以分为平时成绩和期末成绩两方面。平时成绩可以通过随堂测试、队式比赛、学生自评、教师评价等方式得出;期末成绩可以通过核心知识点考查、小组循环淘汰赛等方式得出。形式可以多样,重点应该放在学生的实战对局能力方面,要注意观察学生学习前后的进步程度。

第四节 课程资源的开发

围棋是一项智力运动项目,有着丰富的教育价值,它将竞技性、娱乐性、教育性融为一体,可以在德育、智育、合作交流等多方面促进学生素质的发展。随着围棋运动的普及,人们对围棋教育的研究和推广逐渐向多方面和深层次发展。围棋在大中城市校外培训机构中受到越来越多学生和家长的青睐,但在广大的中小学校园中开展的情况并不尽如人意。其主要制约因素是围棋的课程资源不足,难以满足大范围的开课需要。能够开设围棋课程的学校,主要以校本课程的形式进行。目前许多中小学校在体育与健康课程标准的指导下,会根据学校的地理位置以及所拥有的资源开发校本课程。校本课程重在强调学校办学特色,对学生个性形成以及教师职业素养、科研能力提升都有着显著的作用,符合素质教育的本质。

围棋校本课程的实施需要有大量的课程资源支撑。课程资源是基础教育改革的重要概念,课程的多样化呈现和实施都离不开课程资源的广泛支持。课程资源是指形成课程的要素来源与必要的实施条件,比如知识、技能、经验、活动方式、情感态度以及培养目标是课程的要素来源;而直接决定课程实施的条件是人力、物力和财力,比如时间、场地、设备、设施、媒介和环境等因素。中小学围棋课程应该根据学生身心发展的特点和不同需求,遵循"健康第一"的理念,在课程目标、教学内容、办学条件等方面,对围棋课程进行必要的设计、构建和改造,使围棋课程更适应学校教学,让学生更加充分地体会智力竞技运动带来的快乐,体会中国传统文化的魅力,用丰富多彩的围棋运动充实广大学生的课余生活。因此,对围棋课程资源的开发就显得尤为重要了。围棋课程资源的开发主要有以下途径。

一、人力资源的开发

人力资源是最重要的资源,也是围棋课程中最稀缺的资源。人力资源包括体育教师、班主任以及有围棋特长的老师、家长和当地各级围棋协会的人员等。

体育教师不仅是围棋课程资源开发的主体,其本身也是重要的课程资源。目前,许多学校都鼓励青年教师不断更新和丰富专业结构,拓展新的项目。体育教师可以通过各种途径学习围棋,下载围棋教学软件,访问围棋专业网站,参与当地围棋交流活动,提升专业水平,积极开发围棋校本课程;发挥班主任的主导作用,请班主任组织有关围棋方面的主题班会,支持围棋课外活动;调动家长的积极性,家长中不乏围棋爱好者,请他们参与到围棋课程资源的开发中,并与学生一起参加围棋运动,能达到事半功倍的效果。当地各级各类围棋协会的工作人员,很多是热心于围棋普及和教育的人士,他们能积极地配合和支持围棋课程资源的开发,提供场地、设施和学生在课外活动中的指导等。因此,应充分调动班主任、家长、围棋协会人员的积极性,使其帮助、配合、支持体育教师的工作,共同推动围棋课程的开展。

二、围棋设施资源的开发

围棋课程对场地的要求不高,一间普通的教室,摆上围棋盘就是围棋教室。器材主要是讲解用的磁性围棋大挂盘,对局用的是19路棋盘和棋子。围棋设施的开发主要是充分利用现代网络科技,围棋教学软件日趋成熟,比如 MultiGo 软件能够清晰快速地展现技术变化,有计算机和投影屏幕就可以进行围棋教学。围棋网络对弈平台让学生使用网络就可以进行练习,在网上组织比赛,有效解决了时空问题,提高了练习的灵活性。人工智能裁判也有效解决了一名老师面对学生几十盘对局而分身乏术的窘境。现代网络技术的发展丰富了围棋课程的设施资源。

三、课程内容资源的开发

围棋是智力运动,技术复杂多变。依据学校体育总体目标,围棋课程的内容设计应该简化规则、降低难度、改造器材等,以适应学生的年龄和身心发展特点,更好地调动学生学习围棋的兴趣。技术方面从以下几个方面进行:①简化规则。为调动学生兴趣,不要求收完官子再判断胜负。②简化技战术。只保留简单的基本技战术,不强调布局和中盘之间的任务区分。③修改内容。教学内容以基础技术为主线,融合历史、诗词、礼仪等文化内容,大量使用文字、图形、图片和视频素材,让学生对围棋及围棋文化有全面认识。④改造器材。为了便于低年级学生学习围棋,可以先采用9路小棋盘、13路小棋盘教学,逐步过渡到19路棋盘。同时积极开发新的资源,包括视频、音乐和图片等,因势利导,提高学生学习围棋的兴趣。

四、校外资源的开发

校外资源包括家庭围棋活动、社区围棋活动和竞赛、少年宫围棋活动、俱乐部围棋活动。各地各级各类的围棋协会为普及围棋做了大量的工作,围棋活动形式越来越多,活动场所越来越多,活动内容也越来越丰富多彩。因此,可以鼓励和指导学生参加家庭围棋活动、区县市的围棋竞赛、少年宫和围棋俱乐部的围棋活动。也可以聘请围棋高手和家长为校外围棋辅导员,发挥他们的特长,举行体育联谊活动、体育比赛,参与社区围棋活动等。

第五节 围棋礼仪

中国素以"礼仪之邦"著称于世,向来讲"礼"重"仪"。三千多年前,《周礼》有"六艺",其中"礼"是"六艺"之首,教导规范人在各种场合的行为举止。"礼"是社会的道德意识,是规则,主要表现在精神层面。"仪"是礼的外在表达,是具体的行为。围棋绝不仅仅是一种智力游戏,实际上,它被赋予了丰富的文化内涵。在古代,人们把琴、棋、书、画相提并论,认为围棋具有修身养性的良好作用。陈毅元帅也曾说过:"棋虽小道,品德最尊。"围棋的"礼"要求对弈者举止文明,态度谦和,讲究棋品道德,厌恶粗卑行为。宋代的《棋经十三篇》有言:"胜不言,败不语。振廉让之风者,君子也;起忿怒之色者,小人也。高者无亢,卑者无怯。气和而韵舒者,喜其将胜也。心动而色变者,忧其将败也。赧莫赧于易,耻莫耻于盗。"意思是胜负不要喜怒于色,棋艺高不傲慢,棋艺低不怯懦。悔棋和偷子都是令人羞愧的事。

围棋对弈时间较长,棋盘上的形势瞬息万变。弈者往往会有悲喜忧乐的情感经历。在这个过程中,我们可以锻炼自控能力,学会冷静度势、沉着应对,养成豁达大度、谦虚沉着、乐观向上的品德。

今天,我国的礼仪体系比起古代已简化了许多。围棋的"仪"实际上也并不烦琐,围棋礼仪主要包括三个部分:着装礼仪、对局礼仪和言谈礼仪。

一、着装礼仪

参加围棋比赛应着正装,棋手衣着太随意会给人一种不尊重对手的感觉,一定程度上影响比赛的严肃性,因此围棋比赛中不能穿短裤、紧身裤、背心、拖鞋等。

二、对局礼仪

(1)入座:先入座的一方可以整理棋盘棋子,以示友好。

(2)猜先:对局前猜先时,下手方应请上手方抓白子,自己则取出一个或两个黑子,假设取一个黑子,表示白子若是单数则己方执黑;若是双数则己方执白(取两个黑子则相反)。比赛前的猜先一般由段位高者、年长者来抓子。

(3)对局前,双方坐好互行鞠躬礼,这是围棋比赛的通用礼仪。对弈中坐姿要端正,不可东张西望、与他人交谈或者翻阅书籍。

(4)取子与落子:取子时用右手的中指(在上)和食指(在下)在棋盒中夹住棋子,再轻轻地将棋子放在棋盘的交叉点上,不要用力拍打棋盘。为了表示对对方的尊重,黑方的第一着棋通常下在己方的右上角,因为己方的左上角是对方最顺手的方位,把最方便的位置留给对手。棋子落在棋盘上后,不能再移动位置。"落子无悔"既是围棋规则,也是下棋礼仪。

(5)终局:对局中如果有一方认输,可以把己方的两个子放在棋盘边线外的盘面上,表示投子认输。正式比赛时也可以停钟认输。当双方同意终止棋局后,共同将棋子收好并装入盒中。如果一方希望复盘,对方应该积极配合,互相鼓励。

三、言谈礼仪

(1)围棋又称为"手谈",即不用语言,仅通过手势来表达思想。下棋时棋手是比较忌讳高声喧哗的,也不应和他人讨论棋局,对弈中应保持安静。

(2)对弈后,双方可以复盘研究,增进友谊。复盘时要轻声进行,以免影响他人;应多探讨棋艺,而不是一味懊悔,或者贬损对手。复盘后,双方应收好棋子、整理好棋具,主动向对方行欠身礼并说"谢谢"。

（3）观看他人对局时，应该做文明的观棋者，所谓"观棋不语真君子"，看棋多言不但失礼，而且会影响棋局的胜负和公平性。

学习围棋要经历很多"失败"，这也是"挫折"教育的过程，可以促进学习者心理承受能力的提高。棋能怡情，棋能养德，围棋蕴含着中华传统文化的精髓，自古就是磨砺心智、修身养性的育人良方。学习围棋，了解围棋礼仪，有助于提升大学生自身的道德素养。同时，围棋礼仪教育能够使人知荣辱、讲文明，拥有良好的个人形象和文化修养。

第八章

围棋裁判工作

第一节 围棋竞赛规则

现在围棋比赛采用的是中国围棋协会审定的《中国围棋竞赛规则(2002)》,担任围棋裁判应当掌握以下内容。

一、竞赛规则

1. 先后手的确定

黑棋先走称为先手,白棋后走称为后手。对局的先后手,由赛会抽签编排或对局前猜先决定。竞赛规程对此应做明确规定。

猜先的顺序:先由段位高者或者年长者握若干白子暂不示人。段位低者出示一个黑子,表示白子若为奇数则己方执黑,反之执白;出示两个黑子,表示白子若为偶数则己方执黑,反之执白。握子方公示手握白子之数,先后手自然确定。双方段位相同时,由年长者握子。

2. 贴子

正式比赛采用黑棋贴子制度,终局计算胜负时,黑棋贴还 3 又 3/4 子。例如,黑方总共得 185 子则黑胜 3/4 子,得 184 子则黑负 1/4 子,得 184.5 子则黑胜 1/4 子。

3. 活棋与死棋的确认

终局时,经双方确认,棋盘上不能被提取的棋都是活棋,能被提取的棋是死棋。

4. 计时

计时是保证比赛顺利进行的重要手段之一。有条件时比赛均应采用计时制度,常用的计时方法有以下两种。

①读秒计时:延长比赛用时的方法,在规定基本时限以外加上读秒。比赛时事先明确,在规定时限内保留几分钟开始读秒。围棋专用计时钟带有语音读秒功能。

②包干用时制:规定基本时限之内必须结束比赛,超时判负。包干用时制的赛事均应事先规定基本时限。

使用计时钟应当注意:①计时钟一律置于白方右手一侧;②下子和按钟必须使用同一只手,不得一只手下棋,另一只手按钟;③下单官子仍需计时。

5. 终局

①凡参赛一方弃权或被判负、和的棋局,作终局处理。

②双方确认终局的顺序:先由轮到着手的一方以简洁的语言表明"棋局结束""棋已

下完",对方予以回应,则终局即告成立。

6. 棋手的职业道德和赛场纪律

棋手参赛,一律不得有下假棋等作弊行为。棋手进入赛场前必须关闭手机,比赛时,棋手不准有任何妨碍对方思考的行为。比赛中和暂停时,对局者不准与其他人议论该棋局,不准查阅有关资料。对局者应注意言行文明,保持衣着整洁。

7. 棋手的权利和义务

①弘扬职业道德,遵守赛场纪律,维护赛场秩序,确保比赛顺利进行是棋手的义务。

②读秒时,棋手有查询剩余时间的权利。

③对于妨碍比赛正常进行的违规行为,棋手可以提出意见和申诉。但须在对局进行当时立即提出,逾期失效。

④在双方正式确认胜败之前,棋手有权提出复核,对方有义务真诚配合复核。对于经对局双方和执行裁判正式确认的胜败结果,任何人均无权改变。

⑤在对局中一方离席期间,对方可以下子。当离席方回席时,对方有义务指明落子点。

⑥比赛终局后,棋手应整理好棋具并按规定退场。

⑦参赛棋手有准时参加赛会规定的开幕式、闭幕式和其他礼仪性、公益性、宣传性活动的义务。

二、裁判法则

1. 行棋

(1)一方并未表示弃权,另一方连下两着,判第二着无效并警告一次。

(2)棋子离手,表示着子权完成。完成着子权后,再将棋子拿起下在别处,称为悔棋。发生悔棋时,由对方于下一手着手之前向裁判提出方为有效。裁判应判悔棋无效,判棋子放回原处,并向悔棋方提出警告一次。如一方的棋子不慎掉落于棋盘,经对方同意后,允许其捡起后任选着点。如双方不能达成一致意见,则由裁判长裁决。

(3)比赛过程中如发现前面下的棋子已有移动,在双方意见一致的前提下,应将移动之子挪回原处。如果双方无论如何都不能达成一致意见,裁判长可根据移动之子对棋局进程的影响程度,判:①移动之子挪至合理点;②移动之子有效;③和棋;④重赛;⑤双方均负。如有故意移子的证据,则应判移子者负。

(4)比赛中,如对局者确属无意散乱了棋局,允许复盘续赛。不能复盘的,则判散乱棋局一方负。因非对局双方原因造成棋局散乱,经复盘,如双方达成一致意见,应按复盘次序继续比赛。如果无论如何都不能达成一致意见,裁判长可根据实际情况,判:①和棋;②重赛;③双方均负。

2. 提子

(1)下子后,误提对方有气之子,判警告一次,并应将有气之子放回原处。

(2)下子后,未提或漏提对方无气之子,判警告一次,并提取无气之子。

(3)打劫须找劫材时未找而提劫,判提劫之手无效,弃权一次并警告一次。

3. 禁着点

棋子下在禁着点上,判着手无效,弃权一次。

4. 终局

（1）轮到着手的一方提议终局，随之放弃着手。如果对方不同意就此终局，则应允许对方着子。放弃着手方随即恢复着手权利，对局重新开始，直至双方一致同意终局。

（2）双方已经确认终局，如果盘上尚留有可争之点，其归属按双活方式处理，如图8-1中A位。

（3）双方已经确认终局后，一方或双方即使又发现了有效手段，也不允许重新开始对局，如图8-2中黑棋在A位为有效手段。

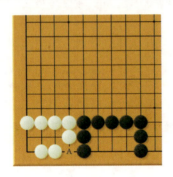

图8-1

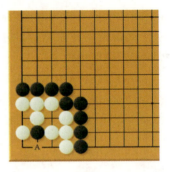

图8-2

（4）对于死棋和活棋的确认，对局双方意见必须一致。若有争议，重新开始对局，由认为是死棋的一方先下，用实战解决。

5. 警告处罚

（1）被判警告一次时，该局计算胜负时在原规定基础上，判被警告方罚出一子。

（2）一名棋手在一对局中，被判两次警告，则判其该局为负。

第二节 裁判员的能力培养

裁判员的能力是决定体育比赛公平性的重要因素之一。围棋裁判员应该具备优良的职业道德、准确的判罚尺度、敏锐的判断力和良好的心理素质，对比赛中发生的干扰现象进行合理的规避和处理。体育比赛裁判员的专业技术水平与临场心理状态直接影响着其裁判水平。裁判员应注意裁判能力和个人修养的提高，坚持"恪守职业道德，公正准确执裁"的裁判准则。

一、围棋裁判员的专业水平

在围棋比赛中，一名优秀的裁判员需要具备一定的围棋技术技能，同时还需要对中国围棋协会制定的围棋规则和裁判员手册有深刻透彻的理解，并能根据裁判规则对棋手的行为做出正确、合理的判罚。小棋手比赛中出现错误和纠纷的情况会比较多，例如打劫时没找劫材而提劫，对棋形死活的认定不清，悔棋、掉子的争执等情况。如果裁判员的专业水平较低，不能掌握围棋基本技术理论，那么他在执裁时将会出现一些低级错误。

二、围棋裁判员的临场经验

裁判员丰富的执裁经验来源于日常积累，执裁场次越多，执裁赛事水平越高，经验越丰富、宝贵。裁判员只有拥有丰富的临场经验，才能对比赛做出公正的判罚。临场经验较少的裁判员难以系统地把控赛场,遇到突发情况,解决的方式可能达不到最优,甚至会造成不好的后果。例如,小棋手可能出现拿错黑白棋子,发生非棋手原因的棋子移动、棋局散乱等情况,裁判员依靠丰富的执裁经验进行判断,会使争执得到迅速和公平的解决。

三、围棋裁判员的着装仪表

裁判员在赛场中扮演着庄重、严肃、中立的角色。为了保证围棋裁判员的威严形象,且方便参赛棋手在比赛过程中对裁判员的辨别,围棋裁判员应统一着装。国内外重大围棋比赛的裁判员主要着深色正装,彰显裁判员气质与修养,同时给人以信服之感。对于中小学校围棋比赛,如果比赛参加者众多,会分成多个赛场,每个赛场都会有几十盘棋同时进行,这时裁判员的统一着装就显得尤为重要,小棋手对局结束或者出现各种问题、纠纷时,通过服装辨认,可以尽快找到裁判员来解决。

四、围棋裁判员的执裁言语

语言是人类表达思想的手段,也是人类最基本的信息载体。作为重要的执裁工具,围棋裁判员的言语也具有诸多规定,如执裁言语规范、专业,凸显裁判员的专业性与信服力;执裁言语具有亲和力,易于参赛棋手接受;等等。为中小学校围棋比赛担任裁判员,由于小棋手水平参差不齐,数空数子的过程中,裁判员的言语应该清晰缓慢,让孩子看清楚、听清楚每一个步骤,避免产生歧义而在事后质疑比赛结果。另外,面对低年级的学生不仅要做好裁判员,还要做好赛场的管理者,同一场比赛,结束对局的时间差别很大,结束早的学生通常也会待在赛场,维持纪律、避免打闹就成了裁判员的额外工作。裁判员严肃又有亲和力的言语有助于控制赛场局面。

五、围棋裁判员的工作态度

工作态度是一种非常重要的非语言交流手段,裁判员在执裁过程中可以通过态度表现来传递信息。长期以来,"公正、准确、严肃、认真"的"八字方针"是我国围棋裁判员从事裁判工作的行为准则,要求裁判员工作时要严肃认真,形成严谨的执裁氛围。围棋比赛时间较长,裁判工作枯燥,裁判员要始终保持精神专注,表情严肃,时刻关注场上动态。围棋裁判员对待工作还需要耐心,善于与年纪较小的棋手进行沟通交流,合理安排、组织棋手们有序参加比赛。当赛场上出现纠纷时,保持冷静,依据裁判规则处理,同时注意不要影响、干扰其他棋手的比赛。围棋裁判员良好的沟通和管理能力是比赛顺利进行的有力保证。

第九章

围棋竞赛和游戏的组织

第一节　围棋竞赛的组织

一、围棋比赛的种类

围棋比赛的种类比较多,有个人比赛、团体比赛、段位赛、双人联棋赛等。

个人比赛和团体比赛是围棋比赛常见的形式。段位赛是围棋项目专门设置的棋手技术等级制度。职业棋手设初段至九段共9个等级;业余棋手设1段至7段共7个等级。职业棋手的段位主要通过全国段位赛获得,比赛由国家体育总局棋牌运动管理中心主办,段位的晋升有专门设置的比赛制度。而业余棋手的段位,主要通过参加地方举办的省、市、县等不同等级的比赛,以及省、市、县等不同段位等级比赛获得。职业段位和业余段位是性质完全不同的围棋技术等级。双人联棋赛是四个人下一盘棋,充分体现了围棋运动的竞技性与趣味性。

二、比赛办法

根据参加比赛的人数、赛程的长短,围棋可采用不同的比赛办法。

(1)淘汰制比赛:分单败淘汰、双败淘汰和多败淘汰三种,败局超过限度即被淘汰。

(2)循环赛制比赛:分单循环、双循环和多循环三种,是由参赛个人或参赛队,与其他参赛者逐一进行比赛的赛制。

(3)积分编排制比赛:以积分相同或相近为主要标准而进行编排的比赛,称为积分编排制比赛。由于它的轮次可以根据情况适当增减,故其赛程介于淘汰制和循环制比赛之间。这一方法适合使用电脑编排,必须注意参赛人数和淘汰人数的比例,并且始终保持参赛人数为偶数的原则。

(4)擂台赛:用打擂台的形式进行的团体对抗赛。参赛的人数由双方事前商定并排定出场顺序。

三、成绩的计算

记分办法:每局棋的结果,记在成绩表上,胜者记2分,负者记0分,和者各记1分。

四、竞赛组织

根据比赛的需要,建立相应的组织机构,负责比赛的筹备工作,处理竞赛中的问题,做好比赛服务工作。比赛的筹备工作主要包括:①聘请相应数量的裁判员,并指定裁判长,若裁判员人数较多,也可以增设副裁判长;②根据比赛报名人数,确定比赛的方法和赛程；③准备比赛的场地和器材。

五、裁判长的主要职责

①草拟本次比赛的竞赛补充规定，提交组委会讨论通过后执行。
②组织裁判员学习本次比赛规则和规程，并进行比赛前的实习工作。
③明确裁判员的分工，对严重失职的裁判员有撤销裁判员资格的权利。
④主持比赛的首轮抽签，监督比赛的编排及成绩公布。
⑤检查比赛场地、设备及用具。
⑥及时处理裁判员上报的各种问题，处理竞赛工作出现的特殊事例。
⑦比赛结束后，向大会宣布比赛优胜名次。

六、裁判员的主要职责

①裁判员应熟悉比赛规则，了解比赛规程，严肃认真、公正准确地执行裁判任务。
②坚决服从大会各项规定，维护赛场纪律，对犯规或违纪行为做出公正判决。
③认真及时完成裁判长交办的各项工作。
④赛前检查比赛器材，不做妨碍棋手比赛的动作，不议论、探讨未完棋局。
⑤及时公布成绩，对难以处理的重大问题及时上报裁判长。

七、比赛编排方法

1. 循环赛

参加者 4 人

轮次	第一台	第二台
1	1—4	2—3
2	4—3	1—2
3	2—4	3—1

参加者 6 人

轮次	第一台	第二台	第三台
1	1—6	2—5	3—4
2	6—4	5—3	1—2
3	2—6	3—1	4—5
4	6—5	1—4	2—3
5	3—6	4—2	5—1

参加者 8 人

轮次	第一台	第二台	第三台	第四台
1	1—8	2—7	3—6	4—5
2	8—5	6—4	7—3	1—2
3	2—8	3—1	4—7	5—6
4	8—6	7—5	1—4	2—3
5	3—8	4—2	5—1	6—7
6	8—7	1—6	2—5	3—4
7	4—8	5—3	6—2	7—1

2. 淘汰赛

单败淘汰制是一种竞赛形式,每场比赛的负方将与竞赛的冠军无缘,但不表示负方在出局后再无比赛,部分竞赛的负方仍需为排名角逐"名次赛"。

图 9-1 所示为单败淘汰制比赛编排示意图。

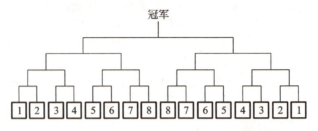

图 9-1　单败淘汰制比赛编排示意图

注:每区的 1 号为一类种子选手,8 号为二类种子选手。当需要两名棋手轮空时,2 号为轮空号。

3. 积分编排赛

积分编排制适用于参赛人数多、赛程时间短、能够比较准确区分优胜名次的比赛。现在围棋比赛多采用电脑编排,轮次数大致为单败淘汰制所需轮次数的 2 倍。根据赛期,轮次可适当增减 1~2 轮。

积分编排制基本要求如下。

①每轮均须为全体棋手(或队)编排一次。首轮先对参赛者进行抽签编号,号码在前者执黑棋。

②已赛过的棋手不再相遇。

③首先将积分相同者编对,其次将积分相近者编对。

④由高分到低分按照顺序编排法编对。

10 人 7 轮积分编排的积分表见表 9-1。

表 9-1　10 人 7 轮积分编排的积分表

组别:　　　　　　　　　　　　　　　　　　裁判长:
比赛地点:　　　　　　　　　　　　　　　　比赛时间:　　年　月　日

编号	姓名	第1轮		第2轮		第3轮		第4轮		第5轮		第6轮		第7轮		对手分	总得分	个人积分	名次
		对手	积分	对手	积分	对手	积分	对手	积分	对手	积分	对手	积分	对手	积分				
1																			
2																			
3																			
4																			
5																			
6																			
7																			
8																			
9																			
10																			

第二节 围棋游戏的组织

游戏是人类的自发活动,有生存技能训练和智力培养的目标。游戏可以发展儿童的智力、审美和体力,开阔儿童的视野,帮助儿童在集体生活中养成良好的习惯。围棋本质上是一种智力游戏,技术复杂多变。为了提高学生的学习兴趣,围棋教学中,教师要深入分析教材中的游戏内容,进行理性的筛选和整合处理,对围棋技术和规则进行简化、弱化甚至异化,设计出融竞技性、趣味性于一体的围棋游戏活动,使围棋教学内容更有吸引力。

一、围棋游戏设计原则

(1)遵循游戏的教育性原则。围棋游戏教学要发挥游戏特有的教育功能,使学生在参与围棋游戏的过程中,各方面素质得到提升,真正达到在围棋游戏教学中育人的目的。

(2)遵循游戏的针对性原则。围棋游戏内容的选择要有针对性,根据围棋课程教学任务的要求,设计出有吸引力的游戏内容,调动学生的积极性,获得良好的课堂教学效果。

(3)遵循游戏的趣味性原则。游戏最鲜明的特点就是趣味性,游戏的设计应该多种多样,避免学生产生厌学情绪。游戏的运用要考虑其竞争性,在教学中让学生体会趣味性的竞争,增强其竞争意识。

二、围棋游戏设计

(1)采用以直接感知为主的教学方法。帮助低年级学生熟悉棋盘棋子,可以设计棋子拼图游戏,要求学生将棋子放在交叉点上,拼出动物或者几何图案;也可以引导学生在棋盘上"围院子",熟悉棋盘的边角和中腹,感受围空的大小。

(2)用情景教学法。设计"秋天的小松鼠"游戏,寻找藏在各处的"果实",练习提子,体会收获的喜悦。设计"黑猫抓老鼠""聪明的小老鼠"等吃子逃棋游戏,进一步熟悉棋子的"气",寓教于乐,让游戏紧扣教学目标。

(3)用竞赛教学法。简化围棋技术,减少变化,降低难度。使用9路或者13路小棋盘对局,不贴目,谁过半谁赢棋。通过对局培养学生的竞争意识,并适时引导学生提高个人品德修养,磨炼其意志。游戏能够培养学生的兴趣,能克服围棋教学复杂、枯燥的弊端,提高教学效果。

三、组织围棋游戏注意事项

(1)游戏规则的讲解。

为保证围棋游戏的顺利进行,达到活动目的,教师必须向学生清楚讲解游戏规则。讲解要简明扼要,完整介绍游戏的名称、方法、规则要求和游戏的结果,让学生充分了解该游戏,激发学生参与游戏的主动性。

(2)游戏的分组。

游戏分组是一种主要的活动组织形式,围棋游戏的分组通常有三种方法:①自然分组。根据学生相邻座位分成若干个小组进行游戏。此法简单快捷,适用于竞争性不强的集体游戏。②异质分组。教师根据学生围棋技能水平和兴趣程度,进行均衡搭配,使分组后各组的整体实力差不多。此法体现一定的公平性,适用于小组间的竞技游戏。③伙伴型分组。让学生自由选择同伴进行练习。伙伴型分组可以提高学生的学习热情,令其较快地掌握技术要领。

(3)观察学生在游戏中的情绪。

一个成功的围棋游戏应当给学生带来快乐,使学生感受到成功的喜悦和集体合作的乐趣,使其学习情绪高涨。教师应当观察学生在围棋游戏中的情绪变化,并且加强组织性和纪律性,保证游戏的顺利进行。

(4)围棋游戏的评价。

当游戏结束时,教师应当对游戏效果进行评价,公正地评定游戏结果,对参与者要提出表扬、建议和鼓励。教师要全面关心学生,使每个学生都有所收获,增强其学习的兴趣和信心。

第十章

围棋艺术欣赏

第一节 围棋别称

在中国漫长的历史中有许多名人、文人会下围棋,围棋给他们带来许多乐趣,他们也给围棋起了不少别称,如手谈、坐隐、烂柯、乌鹭、楸枰等。古人的著作里多用这些别称来指代围棋。

一、手谈

"手谈"是最常见的一个围棋别称。"手谈"一词产生于魏晋南北朝时期,当时社会流行清谈隐逸之风。东晋有一位高僧,从清谈延伸出一个围棋用语——"手谈"。下棋的时候,两个人不说话,用手上的棋子来交流思想,用"手谈"指代围棋还挺传神的。

二、坐隐

围棋最有禅意的别称是"坐隐",也产生于魏晋南北朝时期。晋代有诗云:"小隐隐陵薮,大隐隐朝市。"因为弈棋时,两人专心致志,万事不问,犹如隐居一般,所以围棋有"坐隐"的别称。

手谈、坐隐这些围棋别称,反映出魏晋南北朝时期的社会风气和士人远离世俗、寄情山水的追求,很多绘画也反映了当时的情景。同时,这些别称也反映了围棋具有愉悦身心的独特功能。

三、烂柯

围棋还有一个别称——"烂柯"。传说晋代有位名叫王质的樵夫,在山中伐木,遇见几位仙人对弈。王质在旁边看棋入迷,准备回家的时候,低头一看,斧柄已经烂了。回到家中,同辈之人都已去世。那个"山中方一日,世间已千年"的典故即出自这个围棋传说。柯是斧子的把,故"烂柯"便成了围棋的别称。

在浙江省衢州市有一座山,唐代初期被称为石桥山,相传此处是这则神话故事的发生地。唐朝诗人孟郊又有诗句曰:

仙界一日内,人间千载穷。双棋未遍局,万物皆为空。
樵客返归路,斧柯烂从风。唯馀石桥在,犹自凌丹虹。

《烂柯图》

第二节　围棋画作

琴棋书画,并称为"四艺"。棋与画自古渊源匪浅,文人雅士,逸兴勃发,每每援棋以入画,借画以品棋,于是便孕育了弈画这一独具特色的绘画门类。在传统的绘画图卷中,有很多以围棋或对弈为题材的作品。根据《弈画》的最新统计,现存的古代画作以及图卷中,与围棋相关的多达182幅。历史上,将围棋作为绘画题材是妇孺、老少喜闻乐见的。下面按照历史年代选取部分代表作品,展现千百年前人们下围棋的场景。

一、五代

《明皇会棋图》是五代时期南唐画家周文矩所作,他在后主李煜时期曾任翰林待诏。《明皇会棋图》中,唐明皇座位前置一棋局,画面中有官员、优人等人。关于画上的人物,至今未有定论。跟唐明皇对弈之人,有人认为是日本留学僧辨正,有人认为是棋待诏郑观音。无论画中的人物是谁,这幅作品都真实地反映了唐代宫廷中的围棋活动。

《明皇会棋图》　周文矩

二、宋代

1.《十八学士图》

《十八学士图》由"南宋四家"之一刘松年所作,他曾任画院待诏。"十八学士"是唐李世民为秦王时,于宫城西开文学馆,罗致四方文士,以杜如晦、房玄龄、陆德明等十八人,分为三番,每日六人值宿,讨论文献,商略古今,号为"十八学士"。复命画家为十八学士画像,即《十八学士图》。以后历代都有画家以十八学士潜心琴棋书画为题材来创作。

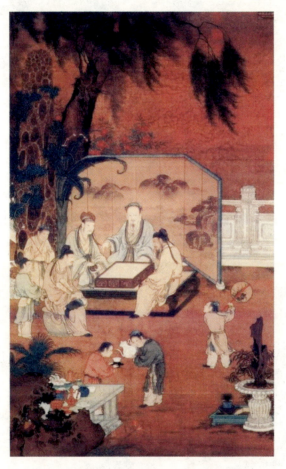

《十八学士图》(局部图)　刘松年

2.《长春百子图》(弈棋局部)

《长春百子图》为苏汉臣(1094—1172年)所作。苏汉臣是汴梁(今河南开封)人,在北宋末年任宣和画院待诏。擅长儿童嬉戏和民间风俗画。此幅画描绘春、夏、秋、冬四时百童嬉戏情景,有荡秋千、骑木马、下棋、钓鱼、采荷,画中儿童天真可爱,憨态可掬,是宋代民俗和儿童生活情景的美好再现。

《长春百子图》(弈棋局部) 苏汉臣

三、明代

1.《松窗对弈图》

明代大画家周臣的《松窗对弈图》描绘了岸边松林草庐,两人对弈,一人骑驴而至,童仆携琴随行的画面。画中有高山、流水、松林、围棋,展现了文人隐士遁迹山林、悠闲淡雅的意境。《松窗对弈图》是周臣的传世之作,现收藏于台北故宫博物院。

《松窗对弈图》 周臣

2.《汉宫春晓图》

明代大画家周臣培养了两个享誉后世的学生,即大名鼎鼎的仇英和唐寅。其中,仇英创作的《汉宫春晓图》为"中国十大传世名画"之一。其中,有宫廷女子下围棋的场景,三五女子围坐,红衣女抬手落子,人物神态专注,衣着明艳,棋具华丽,展现了春天轻松活泼、其乐融融的对弈情景。这幅画也收藏于台北故宫博物院。

《汉宫春晓图》（局部图）　仇英

四、清代

1.《巫峡弈棋》

《巫峡弈棋》是清初宫廷画风代表人物王时敏（1592—1680年）所作，他的作品气韵神逸、意境精深，在清代影响极大。作此画时，王时敏已七十四岁，他自叙读杜甫的诗，感到"少陵诗体宏众妙，意匠经营高出万层"，其诗冠古绝今，如临其境，因此作画。此画取意杜甫的《七月一日题终明府水楼（其二）》"楚江巫峡半云雨，清簟疏帘看弈棋"。画面松云绝壁，山村春色，藤月荻花，用笔颇为潇逸，满纸墨韵，非常生动。

《巫峡弈棋》　王时敏

2.《闲敲棋子图》

《闲敲棋子图》是清代著名画家禹之鼎的得意之作。这幅画取意宋代诗人赵师秀的一首诗《约客》:"黄梅时节家家雨,青草池塘处处蛙。有约不来过夜半,闲敲棋子落灯花。"画中仕女独自对弈,身旁帷幔低垂,身后竹影摇曳。古雅娴静的诗情画意,是画家与诗人相隔数百年的交流。

《闲敲棋子图》 禹之鼎

3. 杨柳青年画《竹林七贤》

杨柳青年画起源于天津市杨柳青镇,是中国著名的民间木版年画之一,鼎盛于清代。它多以各个时期的时事、风俗及历史故事等为题材,画面鲜明活泼、喜气吉祥,不仅富有艺术欣赏性,还具有珍贵的史料研究价值。《竹林七贤》这幅画中,七贤指的是三国魏正始年间(240—249 年)的嵇康、阮籍、山涛、向秀、刘伶、王戎及阮咸七人,因常在当时的山阳郡竹林之下,琴棋书画,肆意酣畅,世谓"竹林七贤"。

杨柳青年画《竹林七贤》

第三节 围棋诗词

围棋蕴含着丰富的文化内涵,是中国文化与文明的体现,是中华民族文化自信的构成要素,深受广大人民群众的喜爱。从古到今,凡文人墨客多喜爱围棋,诗人好弈,弈人爱诗,弈中有诗情,诗中含弈趣。围棋诗词已逐渐发展成为围棋文化中的一支绚烂奇葩。

中国围棋诗词博大精深,浩如烟海。据不完全统计,上起汉代,下至清代,两千余年的围棋诗作多达 3600 余首。本节主要从观棋咏棋、对弈悟棋、帝王咏棋、妇孺对弈四个方面撷取部分诗词,与读者共同赏析。

一、观棋咏棋

七月一日题终明府水楼(其二)
唐·杜甫

宓子弹琴邑宰日,终军弃𦈡英妙时。
承家节操尚不泯,为政风流今在兹。
可怜宾客尽倾盖,何处老翁来赋诗。
楚江巫峡半云雨,清簟疏帘看弈棋。

唐代诗人杜甫在夔州居住时曾写下了"楚江巫峡半云雨,清簟疏帘看弈棋"两句诗。这两句诗描绘了诗人在观看友人对弈时风飘雨云、环境清幽、情趣盎然、诗性骤发的情景,对后人围棋情趣及围棋诗词的创作产生了很大的影响。

看 棋
唐·王建

彼此抽先局势平,傍人道死的还生。
两边对坐无言语,尽日时闻下子声。

唐代诗人王建的这首诗是历史上较早描绘围棋的诗作之一。诗人从看棋的角度,见两人静静端坐,下棋落子,描写了棋局局势变化与棋的死活,十分深刻、生动。其中"傍人道死的还生"正如围棋中"打二还一""倒脱靴"的技术。

池上二绝·其一
唐·白居易

山僧对棋坐,局上竹阴清。
映竹无人见,时闻下子声。

唐代诗人白居易在《池上二绝·其一》一诗中,描绘了空山幽境,竹林对弈,不见棋局,但听棋声的空灵且超脱的画面。

新开棋轩呈元珍表臣
宋·欧阳修

竹树日已滋,轩窗渐幽兴。
人间与世远,鸟语知境静。
春光霭欲布,山色寒尚映。
独收万籁心,于此一枰竞。

宋代诗人欧阳修的《新开棋轩呈元珍表臣》是一首招弈诗。诗人新开了一个棋轩，竹树环绕，轩窗幽静；无车马之喧，有鸟语之悦，山色还寒，春光遍洒。邀请朋友，放下人间的繁杂，远离尘世的喧嚣，手谈一局，沉醉于围棋雅趣之中。尤其是"独收万籁心"一句，表达了下棋要专心致志的境界。全诗意境清幽，耐人寻味。

观棋（并引）
宋·苏轼

五老峰前，白鹤遗址。长松荫庭，风日清美。
我时独游，不逢一士。谁欤棋者，户外屦二。
不闻人声，时闻落子。纹枰坐对，谁究此味。
空钩意钓，岂在鲂鲤。小儿近道，剥啄信指。
胜固欣然，败亦可喜。优哉游哉，聊复尔耳。

《观棋（并引）》一诗展现了苏轼对围棋的深刻理解和借棋局悟人生的豪放情怀。他"胜固欣然，败亦可喜"的胜负观，表达了参与比胜利更重要的理念，时至今日仍有重要的参考价值。

四皓围棋
元·王旭

羡杀商颜四老翁，退身高卧白云中。
谁知一著机心在，便与人间楚汉同。

元代诗人王旭所作的《四皓围棋》，描述了汉初刘邦有意改立四皇子刘如意为太子，张良给吕后出主意，请出商山四皓，抓住了要点和关键，保住了刘盈的太子地位的典故。特别是"谁知一著机心在"这一句，点明了围棋的战略战术需抓住"急所""要点"。该诗作气势恢宏，大开大合，将围棋与世争进行了巧妙融合，是围棋与国事这一类诗作的典型代表。

《神仙图册·四皓》 明·张路

夜深闻邻家对弈
清·骆绮兰

夜深灯影上窗棂，清梦多从局后惊。
谁道两家争胜败，隔墙人听转分明。

清代女诗人骆绮兰的这首诗描绘了两个场景:一个是对局后魂牵梦萦、心心念念的体验;另一个是屋内对弈,屋外听棋,旁听者清。

二、对弈悟棋

围 棋 铭
汉·李尤

诗人幽忆,感物则思。志之空闲,玩弄游意。
局为宪矩,棋法阴阳。道为经纬,方错列张。

李尤的《围棋铭》是迄今发现最早的围棋诗作。上古时期"尧造围棋,以教子丹朱",到汉代围棋已经广为传播,有非常成熟的规则。该诗涉及棋规棋法、棋盘格局、棋局布局等要素。

袁随园纪游册·其三
清·俞樾

日日舟窗几局棋,输赢几子必记之。
忽然大怒因棋负,趣笔兼传一扣儿。

清代诗人俞樾在此诗中描绘了一个"超级棋迷"形象。诗中的棋迷超级爱下围棋,每天下围棋,赢了几子、输了几目都会记在心中。输棋了会突然大动肝火,冷静下来后又莞尔,记录下来成为美谈一桩。该棋迷形象生动活泼、跳脱逼真。

三、帝王咏棋

夏 日 诗
三国魏·曹丕(魏文帝)

夏时饶温和,避暑就清凉。
比坐高阁下,延宾作名倡。
弦歌随风厉,吐羽含征商。
嘉肴重叠来,珍果在一傍。
棋局纵横陈,博弈合双扬。
巧拙更胜负,欢美乐人肠。
从朝至日夕,安知夏节长。

五言咏棋(其一)
唐·李世民(唐太宗)

手谈标昔美,坐隐逸前良。
参差分两势,玄素引双行。
舍生非假命,带死不关伤。
方知仙岭侧,烂斧几寒芳。

缘识·其三十七
宋·赵光义（宋太宗）

凡棋妙手不可得，纵横自在能消息。不贪小利远施张，举措安详求爱力。曲须曲，直须直，打节斜飞防不测。潜思静虑一时间，取舍临时方便逼。牢己疆场煞三思，不骄不怯常翼翼。势输他，勿动色，暗设机筹倍雅饰。恒持自固最为强，尤宜闲暇心先抑。

宫词·其八十四
宋·赵佶（宋徽宗）

忘忧清乐在枰棋，仙子精功岁未笄。
窗下每将图局按，恐防宣召较高低。

古代帝王大多喜爱下围棋。魏文帝曹丕着重写宫廷活动，博弈欢愉；唐太宗李世民是一代英主，诗中对围棋的局势判断、生死舍弃很有见地，对围棋烂柯典故了然于心；宋太宗赵光义的围棋诗反映出其棋力非凡，诗中对"妙手、大小、取舍、形势判断、以我为主"的表述生动准确，入木三分；宋徽宗赵佶的诗从棋待诏的角度下笔，强调围棋的忘忧清乐功能。

四、妇孺对弈

八岁女善棋
宋·刘镇

慧点过男子，娇痴语未真。
无心防敌手，有意恼诗人。
得路逢师笑，输机怕父嗔。
汝还知世事，一局一回新。

宋代诗人刘镇用夸赞的语调描绘了一个聪慧、天真、爱下棋的八岁小姑娘。诗中"无心""有意""逢师笑""怕父嗔"等十分形象地再现了小姑娘的可爱。

仙姑对弈图
元·黄庚

碧玉花冠素锦裳，对拈棋子费思量。
终年不下神仙着，想是蓬莱日月长。

元代诗人黄庚另辟蹊径，描写了仙姑对弈情景，使人不禁对仙山仙阁、仙子仙姑的围棋对弈活动产生无限遐想。

从以上诗词鉴赏中可以看出，我国历代围棋诗词用词精妙，哲理深邃，或直描对弈之状况，或表述观弈之体验，或借棋抒发古今之感叹，或手谈体会局中之妙味。棋理通哲理，对弈悟人生，清乐还忘忧，智慧聚大成。围棋诗作体现着诗人们"出世则宁静致远，入世则兼济天下"的人生追求和精神特质。下面将刘因的《清平乐·围棋》留给读者慢慢品味。

清平乐·围棋
元·刘因

棋声清美，盘薄青松底。门外行人遥指似，好个烂柯仙子。
输赢都付欣然，兴阑依旧高眠。山鸟山花相语，翁心不在棋边。

第四节 棋具欣赏

一、棋盘

围棋在我国古代称为"弈",是世界上古老的棋类之一,相传已有 4000 多年的历史,早在春秋时期就广为流行。围棋用具包括棋盘和棋子,目前国际通用的围棋棋盘是 19 路棋盘,棋盘上横竖各 19 路线,构成 361 个交叉点。为了便于判断位置,棋盘上标列了 9 个小圆点,称为"星"。

据棋史学家的研究,我国围棋之制在历史上曾发生过两次重要变化,主要是局路的增多。魏晋南北朝前后是围棋第一次发生重要变化的时期,这时围棋是 17 路、19 路局制同时流行,还没有完全定型。在唐宋时期围棋发生了第二次重要变化,棋盘已经以 19 路作为主要形制。现在流行的 19 路棋盘在我国东汉时期就已有人采用,但是广泛采用却是在唐宋以后。围棋棋盘路数由少至多的发展可以从我国出土的各种文物、画作、雕刻上看出。

1. 原始社会末期 11 路和 13 路棋盘

在甘肃出土的原始社会末期陶罐上有方形条纹图案,形状很像现在的围棋盘,距今已有 4000 多年的历史,图案上的纵横线条一般有 11～13 路,考古学家称之为(围棋)棋盘纹图案。

甘肃出土的原始社会末期陶罐

2. 唐代 15 路棋盘

1972 年新疆吐鲁番出土的唐代《弈棋仕女图》,是一幅有名的绢画,画面人物体态丰腴、服饰华贵,是典型的唐代妇女形象。画中棋盘细数纵向 15 路线、横向 16 路线,推测有可能是画家的失误,应该是纵横 15 路棋盘。

3. 东汉 17 路棋盘

东汉时期魏人所著的《艺经》曰:"棋局纵横十七道,合二百八十九道,白、黑棋子各一百五十枚。"1952 年,河北的东汉墓出土了有力的物证——石质完整实物围棋盘,方形有四足,纵横各 17 路,表明在东汉时期,围棋就已经发展到纵横 17 路。

新疆吐鲁番出土的唐代《弈棋仕女图》绢画

东汉墓石质 17 路围棋盘

4. 南北朝 19 路棋盘

在南北朝时期(420—589 年),《孙子算经》有言:"今有棋局方一十九路,问用棋几何?答曰:三百六十一。"可见,围棋棋盘越来越大,南北朝时期围棋棋盘可能已经有 19 路线了。

1972 年,河南省安阳市隋代将军张盛墓出土了一件白瓷围棋盘,正方形,纵横 19 路线。棋盘尺寸很小,边长 10 厘米,为随葬品明器。这是出土的最早的 19 路实物棋盘,距今已有约 1500 年。

按照时间的顺序,东汉中原地区有 17 路棋盘实物,隋代有 19 路棋盘,新疆吐鲁番出土的唐代绢画上是 15 路棋盘。湖南省的唐代古墓中也有一件 15 路围棋盘实物。大小棋盘出现的时间虽然略有混乱,但是古时信息交流不畅、各地风俗习惯不同,围棋作为一项娱乐活动在中国各地的发展不均衡也是可以理解的。大小不同的棋盘很可能在同一时期交叉并用。唐代以后 19 路棋盘逐渐流行,成为标准,并且传到日本。

日本奈良东大寺内的正仓院,现存木画紫檀棋盘一块,是奈良时代圣武天皇的实用物,据说是中国皇帝馈赠的珍贵礼物,用象牙镶嵌图案,精致典雅,有很高的艺术价值。

隋代张盛墓白瓷 19 路围棋盘

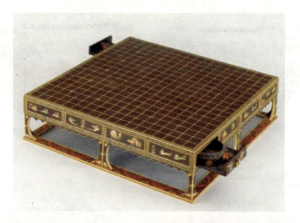

日本奈良东大寺内正仓院现存的木画紫檀 19 路棋盘（抽屉中是龟形棋盒）

围棋盘在 3000 多年的历史中从小到大，围棋的着法也随之由简到繁，19 路棋盘的定型也证明围棋技术趋于成熟。围棋盘的变化，体现了中国古人的聪明智慧。

二、围棋罐

对于中国的能工巧匠来说，棋罐能发挥的空间很大，他们用陶、瓷、竹、木、玉石、玛瑙、藤条、草等多种材质，加上绘画、雕刻、镶嵌等技法，制作了许多精美的棋罐艺术品，为弈者增添了许多乐趣。这些棋罐都是古董，价值不菲。

北宋耀州窑青釉刻花围棋罐

元代青花龙纹围棋罐

明代铜胎掐丝珐琅凤凰蕃莲纹带盖围棋罐

清代紫檀雕花围棋罐

清代紫檀荷叶瓜棱围棋罐

清代粉彩喜上眉梢围棋罐

清代螺钿花卉围棋罐

清代剔红山水人物围棋罐

现代常用的草编围棋罐

三、围棋子

由小至大演变的围棋盘显著影响了围棋技术的发展。围棋子也有一个由简单到精致的变化过程,展现了制造技术和审美情趣的提升。围棋子的演变历史大致分为三个阶段:先秦至唐代、北宋至明末、明末至当代。

1. 先秦至唐代

这一时期围棋子多取材于大自然,如陶土、石子、贝壳等。形状以扁圆形、两面鼓为主。古代"棋"的写法为"碁",可印证当时围棋子主要是用石子做成的。1975年,山东西晋墓出土289枚围棋子,由黑白鹅卵石磨制而成。这种两面鼓似贝壳的棋子造型在唐代传入日本,沿用至今。日本高档围棋子——蛤碁石,白子用贝壳制成,黑子用黑石制成。

西晋墓出土的围棋子

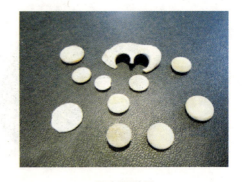
贝壳围棋子

唐代锥形围棋子，赤褐色的是玛瑙，蓝绿色的是玻璃

2. 北宋至明末

这一时期围棋子的质地主要是陶、瓷，形状以两面平的扁圆形为主。宋代的陶瓷制作技术已经达到很高的水平，围棋子有印花图案，如双鸟纹和牡丹纹等，寓意富贵闲情。中国人的浪漫情怀和别致的审美修养，也体现在围棋子的装饰上。

天下太平图棋子

玄鸟双飞图棋子

小胖鸟棋子

二花图棋子

北宋定窑出品的"定子"

3. 明末至当代

这一时期围棋子的质地主要是玻璃,形状以下平上鼓为主。早期玻璃围棋子的一个特点是它们的颜色并不是纯正的黑白色。

彩色围棋子

目前,棋手们常用的是云子,产自中国云南保山,也称"永子",白子温润似玉,黑子对着光透出碧绿,是明清时期皇室的贡品。

棋子也有玉石材质的。台北故宫博物院中陈列的清代围棋子,有充满少女感的粉晶围棋子、紫晶围棋子和烟灰围棋子。

云南云子　　　　　　　　　台北故宫博物院陈列的清代围棋子

古代的围棋子丰富多彩、奇巧可爱,带给我们的围棋意趣不仅在下棋、观棋上,还可把玩棋子,听子落棋盘的铮铮作响声。唐代诗人杜牧有诗曰:"玉子文楸一路饶,最宜檐雨竹萧萧。"宋代也有诗云:"秋尽棋声过竹寺,雨余诗思落茶山。"可见,雨声、竹声、下棋声,声声入耳。

参 考 文 献

［1］刘善承.中国围棋史[M].成都:成都时代出版社,2007.
［2］王道俊,郭文安.教育学[M].北京:人民教育出版社,2016.
［3］林建超.弈诗[M].北京:经济科学出版社,2017.
［4］李莉.围棋入门[M].武汉:湖北科学技术出版社,2013.
［5］中国围棋协会.围棋竞赛规则(2002)[M].成都:成都时代出版社,2002.